新时代智库出版的领跑者

国家智库报告（2021）
National Think Tank (2021)

中国非洲研究院文库·新时代中非友好合作
主编　王灵桂

"一带一路"与推进中非人文交流研究

THE BELT AND ROAD INITIATIVE AND THE ADVANCEMENT OF CHINA-AFRICA HUMANITIES EXCHANGES

贺文萍　等著

中国社会科学出版社

图书在版编目(CIP)数据

"一带一路"与推进中非人文交流研究/贺文萍等著.—北京：中国社会科学出版社，2021.10
(国家智库报告)
ISBN 978-7-5203-9296-9

Ⅰ.①—… Ⅱ.①贺… Ⅲ.①"一带一路"—国际合作"—文化交流—研究报告—中国、非洲 Ⅳ.①G125②G140.5

中国版本图书馆 CIP 数据核字(2021)第 222016 号

出　版　人	赵剑英
项目统筹	王　茵　喻　苗
责任编辑	喻　苗
责任校对	刘　娟
责任印制	李寡寡

出　　版	中国社会科学出版社
社　　址	北京鼓楼西大街甲 158 号
邮　　编	100720
网　　址	http://www.csspw.cn
发 行 部	010-84083685
门 市 部	010-84029450
经　　销	新华书店及其他书店
印刷装订	北京君升印刷有限公司
版　　次	2021 年 10 月第 1 版
印　　次	2021 年 10 月第 1 次印刷
开　　本	787×1092　1/16
印　　张	10.25
插　　页	2
字　　数	106 千字
定　　价	58.00 元

凡购买中国社会科学出版社图书，如有质量问题请与本社营销中心联系调换
电话：010-84083683
版权所有　侵权必究

《中国非洲研究院文库》编委会名单

（2021年4月）

主　任　王灵桂

编委会　（按姓氏笔画排序，共34人）

王　凤	王林聪	王灵桂	王启龙	毕健康
朱伟东	刘鸿武	安春英	李安山	李智彪
李新烽	杨宝荣	吴传华	余国庆	张永宏
张宇燕	张宏明	张忠祥	张艳秋	张振克
林毅夫	罗建波	周　弘	赵剑英	胡必亮
洪永红	姚桂梅	贺文萍	莫纪宏	党争胜
郭建树	唐志超	谢寿光	詹世明	

充分发挥智库作用
助力中非友好合作

——《中国非洲研究院文库》总序言

当今世界正面临百年未有之大变局。世界多极化、经济全球化、社会信息化、文化多样化深入发展,和平、发展、合作、共赢成为人类社会共同的诉求,构建人类命运共同体成为各国人民共同的愿望。与此同时,大国博弈激烈,地区冲突不断,恐怖主义难除,发展失衡严重,气候变化凸显,单边主义和贸易保护主义抬头,人类面临许多共同挑战。中国是世界上最大的发展中国家,是人类和平与发展事业的建设者、贡献者和维护者。2017年10月中共十九大胜利召开,引领中国发展踏上新的伟大征程。在习近平新时代中国特色社会主义思想指引下,中国人民正在为实现"两个一百年"奋斗目标和中华民族伟大复兴的"中国梦"而奋发努力,同时继续努力为人类作出新的更大的贡献。非洲是发展中国家最集中的大陆，是维护世界和平、促进全球发展的重要力量之一。近年来，非洲在自主可持续发展、联合自强道路上取得了可喜的进展，从西方眼中"没有希望的大陆"变成了"充满希望的大陆"，成为"奔跑的雄狮"。非洲各国正在积极探索适合自身国情的发展道路，非洲人民正在为实现《2063年议程》与和平繁荣的"非洲梦"而努力奋斗。

中国与非洲传统友谊源远流长，中非历来是命运共同体。中国高度重视发展中非关系，2013年3月习近平担任国家主席后首次出访就选择了非洲；2018年7月习近平连任国家主席后首次出访仍然选择了非洲；6年间，习近平主席先后4次踏上非洲大陆，访问坦桑尼亚、南非、塞内加尔等8国，向世界表明中国对中非传统友谊倍加珍惜，对非洲和中非关系高度重视。2018年中非合作论坛北京峰会成功召开。习近平主席在此次峰会上，揭示了中非团结合作的本质特征，指明了中非关系发展的前进方向，规划了中非共同发展的具体路径，极大完善并创新了中国对非政策的理论框架和思想体系，这成为习近平新时代中国特色社会主义外交思想的重要理论创新成果，为未来中非关系的发展提供了强大政治遵循和行动指南。这次峰会是中非关系发展史上又一次具有里程碑意义的盛会。

随着中非合作蓬勃发展，国际社会对中非关系的关注度不断提高，出于对中国在非洲影响力不断上升的担忧，西方国家不时泛起一些肆意抹黑、诋毁中非关系的奇谈怪论，诸如"新殖民主义论""资源争夺论""债务陷阱论"等，给中非关系发展带来一定程度的干扰。在此背景下，学术界加强对非洲和中非关系的研究，及时推出相关研究成果，提升国际话语权，展示中非务实合作的丰硕成果，客观积极地反映中非关系良好发展，向世界发出中国声音，显得日益紧迫和重要。

中国社会科学院以习近平新时代中国特色社会主义思想为指导，努力建设马克思主义理论阵地，发挥为党的国家决策服务的思想库作用，努力为构建中国特色哲学社会科学学科体系、学术体系、话语体系作出新的更大贡献，不断增强我国哲学社会科学的国际影响力。中国社会科学院西亚非洲研究所是当年根据毛泽东主席批示成立的区域性研究机构，长期致力于非洲问题和中非关系研究，基础研究和应用研究并重，出版和发表了大量学术专著和论文，在国内外的影响力不断扩大。以西亚非洲研究所为主体于2019年4月成立的中国非洲研究院，是习近平总书记在中非合作论坛北京峰会上宣布的加强中非人文交流行动的重要举措。

按照习近平总书记致中国非洲研究院成立贺信精神，中国非洲研究院的宗旨是：汇聚中非学术智库资源，深化中非文明互鉴，加强治国理政和发展经验交流，为中非和中非同其他各方的合作集思广益、建言献策，增进中非人民相互了解和友谊，为中非共同推进"一带一路"合作，共同建设面向未来的中非全面战略合作伙伴关系，共同构筑更加紧密的中非命运共同体提供智力支持和人才支撑。中国非洲研究院有四大功能：一是发挥交流平台作用，密切中非学术交往。办好"非洲讲坛""中国讲坛""大使讲坛"，创办"中非文明对话大会"，运行好"中非治国理政交流机制""中非可持续发展交流机制""中非共建'一带一路'交流机制"。二是发挥研究基地作用，聚焦共建"一带一路"。开展中非合作研究，对中非共同关注的重大问题和热点问题进行跟踪研究，定期发布研究课题及其成果。三是发挥人才高地作用，培养高端专业人才。开展学历学位教育，实施中非学者互访项目，培养青年专家、扶持青年学者和培养高端专业人才。四是发挥传播窗口作用，讲好中非友好故事。办好中国非洲研究院微信公众号，办好中英文中国非洲研究院网站，创办多语种《中国非洲学刊》。

为贯彻落实习近平总书记的贺信精神，更好地汇聚中非学术智库资源，团结非洲学者，引领中国非洲研究工作者提高学术水平和创新能力，推动相关非洲学科融合发展，推出精品力作，同时重视加强学术道德建设，中国非洲研究院面向全国非洲研究学界，坚持立足中国，放眼世界，特设"中国非洲研究院文库"。"中国非洲研究院文库"坚持精品导向，由相关部门领导与专家学者组成的编辑委员会遴选非洲研究及中非关系研究的相关成果，并统一组织出版，下设五大系列丛书："学术著作"系列重在推动学科发展和建议，反映非洲发展问题、发展道路及中非合作等某一学科领域的系统性专题研究或国别研究成果；"学术译丛"系列主要把非洲学者以及其他方学者有关非洲问题研究的经典学术著作翻译成中文出版，特别注重全面反映非洲本土学者的学术水平、学术观点和对自身发展问题的认识；"智库报告"系列以中非关系为研究主线，中非各领域合作、国别双边关系及中国与其他国际角色在非洲的互动关系为支撑，客观、准确、翔实地反映中非合作的现状，为新时代中非关系顺利发展提供对策建议；"研究论丛"系列基于国际格局新变化、中国特色社会主义进入新时代，集结中国专家学者研究非洲政治、经济、安全、社会发展等方面的重大问题和非洲国际关系的创新性学术论文，具有学科覆盖面、基础性、系统性和标志性研究成果的特点；"年鉴"系列是连续出版的资料性文献，设有"重要文献""热点聚焦""专题特稿""研究综述""新书选介""学刊简介""学术机构""学术动态""数据统计""年度大事"等栏目，系统汇集每年度非洲研究的新观点、新动态、新成果。

期待中国的非洲研究和非洲的中国研究在中国非洲研究院成立的新的历史起点上，凝聚国内研究力量，联合非洲各国专家学者，开拓进取，勇于创新，不断推进我国的非洲研究和非洲的中国研究以及中非关系研究，从而更好地服务于中非共建"一带一路"，助力新时代中非友好合作全面深入发展。

中国社会科学院副院长
中国非洲研究院院长

摘要： 国之交在于民相亲，民相亲在于心相通。中非人文交流通过双方人民之间的来往和文化交流，有利于消除偏见和误解，有利于增进非洲民众对中国文化、模式、发展理念的理解和认同。人文交流还是构筑"一带一路"建设民意基础的重要纽带和抓手。"一带一路"建设不仅通过修路架桥帮助所在国实现"硬联通"，而且也要同步实现中非人民之间的"人文交流"和"民心相通"的"软联通"。

本研究报告将中非人文交流置于"一带一路"建设的广阔大背景之下，在梳理"一带一路"倡议在非洲的落地和实施情况之后，回顾了中非民间交流的情况，分析了近年来中非人文交流的现状及其面临的问题和挑战，最后在简略分析中非人文交流重要性的基础上提出了未来加强中非人文交流的政策建议。

关键词： 一带一路；中国与非洲；人文交流

Abstract: Friendship between the peoples holds the key to sound state-to-state relations, and heart-to-heart communication contributes to deeper friendship. Cultural and people-to-people exchanges between China and Africa can help remove prejudices and misunderstandings, and help the general public of Africa better understand and appreciate Chinese culture, Chinese model, and development concepts. Cultural and people-to-people exchanges are also an important link and a starting point for building the foundation of public opinion for the Belt and Road Initiative. The construction of the Belt and Road not only helps the host country achieve "hard connectivity" by building roads and bridges, but also simultaneously realizes cultural and people-to-people exchanges and "soft connectivity" between China and Africa.

This report puts China-Africa cultural exchanges under the broad background of the Belt and Road construction. After sorting out the implementation of the Belt and Road Initiative in Africa, firstly, it reviews the brief history of cultural and people-to-people exchanges between China and Africa; secondly it analyzes the current situation and the problems and challenges the cultural and people-to-people exchanges between China and Africa face, and finally, on the basis of a brief analysis of the importance of China-Africa humanities exchanges, policy recommendations for strengthening China-Africa humanities exchanges in the future are put forward.

Key words: Belt and Road Initiative; China-Africa; Cultural and People-to-people Exchanges

前　言

自2013年秋天习近平总书记提出"一带一路"倡议以来，"一带一路"倡议的理念以及相关项目的建设得到了沿线国家及国际社会的广泛认同和支持，取得了丰硕的成果。2017年10月召开的党的十九大又把推进"一带一路"建设写入了党章，成为指导全党和全国人民前进和奋斗的目标和方向。"一带一路"建设继承了古丝绸之路精神，其初衷和最终目标是构建人类命运共同体，使世界各国通过参与共建"一带一路"实现共同发展。共商、共建、共享是"一带一路"建设的宗旨，"一带一路"建设的途径则是通过政策沟通、设施联通、贸易畅通、资金融通、民心相通这"五通"同参与合作建设的国家实现互联互通、发展共赢。人文交流和软实力建设作为促进"民心相通"的重要手段和载体，因而具有重要的研究价值和现实意义。

2013年3月24日至30日，习近平主席首次出访非洲，高瞻远瞩地提出了真实亲诚的对非政策理念和正确义利观。在访问刚果时，习近平主席在刚果议会发表演讲时指出："民相亲在于心相知。文化是各国人民增进相互了解和友谊的重要桥梁和纽带，人文交流是中非新型战略伙伴关系的重要支柱。中非关系发展既需要经贸合作的'硬'支撑，也离不开人文交流的'软'助力。人文交流将为中非关系发展提供丰富的文化营养，注入强大的精神动力！"[①]

当前，特别是党的十九大召开以后，新时代中国外交旨在与世界各国共同打造利益共同体、责任共同体和命运共同体。发展"人文交流"已经和营建"政治互信"、推动"经贸合作"并列成为中国对外政策的三大重点内容。其中，发展"人文交流"的目的就是推动"民心相通"，通过各国人民之间的相互沟通和了解来夯实国家间关系的社会土壤，为政治互信和经贸合作奠定强有力的民意基础。中国和非洲都是人类文明的发源地，有着璀璨的文明和文化遗产。深入研究并提出推进中非人文交流和民心相通的对策建议不仅是构建中非新型战略伙伴关系的一项主要内容，

---

① 参见习近平主席2013年3月29日在刚果共和国议会发表的演讲《共同谱写中非人民友谊新篇章》，人民网刚果布拉柴维尔2013年3月29日电，http://cpc.people.com.cn/n/2013/0330/c64094-20971990.html。

而且对于新时代中国外交在非洲的实践以及"一带一路"在非洲的建设都具有重要的现实意义和参考价值。

  本研究报告将中非人文交流置于"一带一路"建设的广阔大背景之下,由此第一章先梳理"一带一路"倡议在非洲的落地和实施情况;第二章梳理中非民间交流的简史及近年来中非人文交流的现状及其面临的问题和挑战;第三章则在简略分析中非人文交流重要性的基础上提出未来加强中非人文交流的对策建议。

目　录

一　"一带一路"倡议在非洲的落地和实施 …… (1)
　(一)"一带一路"倡议在非洲落地和实施的
　　　总体情况 ………………………………… (1)
　　1. 政策沟通 ………………………………… (2)
　　2. 设施联通 ………………………………… (13)
　　3. 贸易畅通 ………………………………… (18)
　　4. 资金融通 ………………………………… (27)
　　5. 民心相通 ………………………………… (29)
　(二)非洲各界对"一带一路"倡议的
　　　看法 ……………………………………… (37)
　　1."一带一路"倡议面临的舆论挑战 …… (38)
　　2. 非洲学者对"一带一路"倡议的
　　　 看法 …………………………………… (40)
　　3. 非洲民众对"一带一路"倡议的
　　　 看法 …………………………………… (46)

4. 非洲对有关"一带一路"倡议疑虑的回应 …………………………… (48)

二 中非人文交流和"民心相通"的现状及面临的挑战 …………………………… (54)

（一）中非人文交流和"民心相通"的简要历史回顾 …………………………… (54)

1. 历史上的中非人文交流和"民心相通" …………………………… (55)
2. 20世纪50—60年代通过民间外交推动中非关系发展 …………………………… (57)
3. 21世纪以来的中非民间交往和人文交流 …………………………… (61)

（二）中非人文交流的主要机制、现状和取得的成果 …………………………… (63)

1. 中非教育合作和对非人力资源培训 …… (64)
2. 中非医疗卫生合作 ……………………… (69)
3. 中非旅游合作 …………………………… (76)
4. 中非科技合作 …………………………… (79)
5. 中非艺术交流和媒体交流合作 ………… (81)

（三）中非人文交流面临的主要问题与挑战 …………………………… (84)

1. 中非人文交流由官方筹措较多，民间潜力释放不足，参与主体需进一步丰富 …… (84)

2. 中非人文交流过度聚焦于文化展示，
深度有待提高 …………………………（89）

3. 中非人文交流主要为中国单向式的输出，
双方互动性不足 ………………………（92）

4. 中非人文交流过程中还需要加强对彼此的
认知以及对交流内容的不断拓展 ……（95）

5. 中非人文交流过程中面临越来越严峻的
舆情挑战 ………………………………（98）

三 未来加强中非人文交流的对策建议 ………（101）

（一）中非人文交流对"一带一路"建设的
重要性 ……………………………………（102）

1. 人文交流是构筑"一带一路"建设民意
基础的重要纽带和抓手 ………………（102）

2. "一带一路"建设不仅需要"硬联通"，
更需要"人文交流"和"民心
相通"的"软联通" …………………（103）

（二）加强中非人文交流的对策建议 ………（106）

1. 逐步淡化人文交流的官方政治色彩，
激发民间组织的活力 …………………（106）

2. 引进更多非洲的文化资源，深化和扩大
中非人文领域交流合作 ………………（109）

3. 加强中非智库交流、推动非洲智库
建设 ……………………………………（113）

4. 加强中资企业经济活动对非洲的正面外溢效应，加大企业社会责任宣传 …………………………………（115）

5. 中国文化"走出去"的过程中要善于寻找与当地文化产生共鸣的"共振点" ……………………………（117）

6. 充分发挥中国援非医疗队在中非人文交流中的先锋和典范作用，解决援非医疗队员们的待遇和后顾之忧 ………（120）

7. 中非需合力打赢"舆论战"，解决"挨骂"问题 ……………………………（122）

8. 加强中非人民在日常生活和工作中的交往，展现友好姿态 ……………………（126）

结　语 …………………………………………（130）

参考文献 ………………………………………（132）

一 "一带一路"倡议在非洲的落地和实施

非洲是"一带一路"倡议的自然延伸和重要参与方。2018年9月，习近平主席在中非合作论坛北京峰会上再次提出中非要携手努力构建中非命运共同体，将中非共建"一带一路"同非盟《2063年议程》、非洲各国发展战略深入对接。迄今，中国已同46个非洲国家及非盟委员会签署共建"一带一路"谅解备忘录。非洲已成为与中国签署"一带一路"谅解备忘录国家数量最多的大陆，也是意愿最积极、行动最坚定的参与方之一。

（一）"一带一路"倡议在非洲落地和实施的总体情况

习近平主席曾说过"一带一路"倡议源于中国，

但机会和成果属于世界。2000年建立的中非合作论坛至今已成功运行20余年，成为推动和引领中非贸易合作前进的重要机制。在中非合作论坛的平台上，中非开展务实合作，坚持多边主义，努力构建中非人类命运共同体。截至2020年1月，在基础设施方面，中国在非洲建设的公路和铁路已超过6000公里，还建成了近20个港口和80多个大型电力设施，推动了非洲工业化进程，提升了非洲的自主发展能力。在民生领域，中方至今为止已经援建超过130个医疗设施、40多个体育馆、170多所学校，近5年培训非洲各类人才超过20万人次，分布在非洲各行各业，为提高非洲人民生活水平和福祉做出了重要贡献。在贸易和投资领域，中非贸易额于2019年突破2000亿美元，中国已连续11年成为非洲第一大贸易伙伴。中国对非直接投资存量达1100亿美元，3700多家中国企业在非洲各地投资兴业，为非洲经济的持续增长提供了强劲动力。更重要的是，中非合作论坛推动西方大国和其他新兴国家对非洲的关注，为非洲发展带来了更多选择和机遇。

"一带一路"的核心理念是通过"政策沟通、设施联通、贸易畅通、资金融通、民心相通"等"五通"来促进中国与沿线国家的交流合作与共同繁荣。

1. 政策沟通

政策沟通是先导。中非之间的政策沟通主要体现在三方面，一是"一带一路"倡议与非洲国家发展战略的对接，二是中非之间的规则、标准及具体政策的对接，三是具体项目的对接。进入21世纪以来，随着经济的快速增长，非洲地区和国家的自主性不断提升。非洲发展新伙伴计划、非盟2063年议程的通过、非洲自贸区的正式成立都展示了非洲自主发展的信心和宏图。同时，非洲急需具体到各个国家、行业的发展规划支持。非洲的制度设计曾经饱受西方国家的干涉之苦，新自由主义的结构调整计划令非洲失去国家能力，痛失工业化的机遇期。中国改革开放四十多年来的经济成就以及中国在中非合作中长期秉持的平等互利原则吸引非洲国家纷纷"向东看"。

中非政策沟通主要包括两个层面，一是国家层面的行动，领导人互访，职能部门的相互交流，实现政策对接。二是中非智库和专家学者进行交流，相互认同和认可。理想情况下，中非政策沟通还应包括与非洲当地非政府组织和民众的释疑解惑，互相了解。目前，中非高层政策沟通较为顺畅，中国与非洲中层（智库、媒体、学者和非政府组织代表）的沟通比过去有进步，但仍需加强和完善。

（1）中非高层互访

从建立和发展中非长期稳定、平等互利的新型伙伴关系到建立中非新型战略伙伴关系，从构建中非全面战略合作伙伴关系到打造新时代更加紧密的中非命运共同体，21年来，中非合作论坛走过不平凡历程，引领中非关系实现跨越式发展。2020年10月，习近平主席在同中非合作论坛非方共同主席国塞内加尔总统萨勒就中非合作论坛成立20周年共致贺电时指出，"20年来，在中非双方共同努力下，中非合作论坛已成为中非开展集体对话的重要、活跃平台和务实合作机制，也是南南合作的一面重要旗帜。中非双方始终坚持以人民为中心，致力于发展高质量的中非全面战略合作伙伴关系，论坛合作成果惠及中非人民"。

中非领导人在中非合作论坛框架下沟通政策，共同交流。中非合作论坛的发展进程中，元首外交发挥着关键作用。习近平主席高度重视中非合作论坛机制性作用，同有关非洲国家领导人共同主持两届论坛峰会：2015年12月的南非约翰内斯堡峰会、2018年9月的北京峰会。在约翰内斯堡峰会上，习近平主席提议，将中非新型战略伙伴关系提升为全面战略合作伙伴关系，开启了中非合作共赢、共同发展的新阶段。北京峰会的盛况更是令人印象深刻。40位总统、10位总理、1位副总统以及非盟委员会主席与会，中外参会人员超过3200人。习近平主席主持近70场双、多边活动，分别会见所有来华的非方领导人，创造当时中国领导人主场外交会见外方领导人的纪录。

中非高层互访频繁,习近平主席就任国家主席和连任国家主席后首次出访均前往非洲,提出真实亲诚对非政策理念和正确义利观,为中非关系发展指明了方向。中非合作论坛成为中非双方政策沟通的重要平台。2018年,50多位非洲国家领导人和非盟委员会主席率团齐聚北京,联合国秘书长作为特邀嘉宾、27个国际和非洲地区组织作为观察员出席峰会有关活动,规模空前,会议决定构建更加紧密的中非命运共同体,丰富了中非全面战略合作伙伴关系内涵,揭开中非关系新的历史篇章。中国外长每年首次出访都选择非洲,这一传统至今已延续30年,表明中非双方均把中非关系置于各自外交的优先位置。[①] 2020年,习近平主席和论坛非方共同主席国塞内加尔总统萨勒互致贺函,祝贺中非合作论坛成立20周年。

此外,基于非洲需求,中国与非洲的合作在战略对接、制度设计等领域不断加强沟通。在《中非合作论坛——北京行动计划(2019—2021年)》中,多次提及加强对非洲制度设计的支持。中国承诺将根据非洲的实际需求,帮助非洲国家编制区域、次区域、国别和领域发展规划,增强非洲国家长远规划与统筹发展能力,提升中非合作的可持续性和前瞻性。中国与

[①] 戴兵:《二十载耕耘结硕果 新时代扬帆启新程——纪念中非合作论坛成立20周年》,《中国投资》2020年3月号。

非盟已建立非洲跨国跨区域基础设施建设合作联合工作组，共同实施项目。中国与非盟协调对接，共同编制《中非基础设施合作规划》，确定阶段目标、重点领域、重大项目、政策支持等，作为中国与非洲开展基础设施合作的指导性文件，统筹推进非洲跨国跨区域合作项目。在医疗卫生领域，中国不但帮助非洲解决面临的主要问题之一——医疗卫生基础不健全，承诺支持全非公共卫生机构——非洲疾控中心建设，并且提出继续帮助非洲加强卫生体系建设和政策制定。在农业合作领域，提出制定农业规划。中国决定与非洲联盟、国际食物政策研究所等共同发布中非农业现代化合作规划和行动计划，分享中国农业发展的先进经验，为非洲定制适合自身国情、农情的农业发展模式，整合提升中国农业援非项目的可持续发展能力，支持非洲达到在2030年前基本实现粮食安全的目标。

（2）中非政党交流

中非政党交流推动各国政府和人民增进相互理解，促进政策沟通。2020年新冠肺炎疫情期间，中共中央对外联络部以视频会议方式向非洲政党通报中共十九届五中全会精神，撒哈拉以南非洲36个国家43个政党的多位政党政要参会。多位非洲政党政要结合全会精神和自身经历，畅谈对中国发展成就的感受，并对中国未来发展表示期待。乌干达全国抵抗运动总书记卢蒙巴认为，中共十九届五中全会提出要加快构建以国内大循环为主体、国内国际双循环相互促进的新发展格局，在她看来，这意味着中国进一步向世界开放。这无疑给包括乌干达在内的非洲国家提供了与中国合作更广阔的平台。乍得爱国拯救运动总书记巴达表示，乍得希望通过借鉴中国"五年规划"的模式，推动本国经济社会向前发展。①

2020年8月，中国共产党同执政的塞拉利昂人民党围绕"发挥执政党领导作用，统筹推进疫情防控与经济社会发展"主题，共同举办为期4天的视频交流活动。该党总书记科罗马率领包括多位内阁部长在内的20余名高级领导人参加。科罗马总书记表示，无论是在埃博拉疫情暴发期间，还是在新冠肺炎疫情下，中国都是第一个向塞提供支持的国家，用行动诠释了"患难朋友才是真朋友"的真谛。中国共产党创新交往形式，分享抗疫经验，彰显对塞深厚情谊，为两国携手战胜疫情、开启疫后合作做出了贡献。中国同南非两国执政党以"统筹推进疫情防控和经济社会发展：中南执政党的探索与实践"为主题举行视频研讨会，就共同抗击疫情、有序推进复工复产以及脱贫攻坚等交流经验做法。南非非洲人国民大会（非国大）总书

---

① 《中国的"十三五""十四五"，非洲政党政要怎么看？》，2020年11月18日，http：//www.focac.org/chn/zfzs/t1834209.htm。

记马哈舒勒表示，中国秉持国际人道主义精神驰援世界，生动诠释了中国共产党的担当和情怀。南非非国大诚挚感谢中国共产党所提供的抗疫物资援助，愿充分学习借鉴中方抗疫经验做法，促进经济社会早日恢复发展。非国大希望与中国共产党进一步加强交往，为两国关系实现更大发展贡献力量。①

（3）中非智库交流

习近平总书记指出，"要发挥智库作用，建设好智库联盟和合作网络"。2019年4月，第二届"一带一路"国际合作高峰论坛智库交流分论坛在北京举行。围绕"共享人类智慧，共促全球发展"的主题，60多个国家和地区的300多名智库、媒体代表共同交流，互相借鉴。

中国致力于通过资金和能力培训助力非洲智库建设，促进非洲智库为现实问题提供政策咨询，为全球问题贡献本土方案。中非智库交流致力于"一带一路"倡议与非洲各国发展战略的对接，构建中非命运共同体。

①中非智库论坛

中非智库论坛是中非合作论坛框架下的中非民间

---

① 非洲观察：《非洲多国政党政要高度评价中国为全球抗疫提供支持和帮助》，2020年8月12日，http://news.cctv.com/2020/08/12/ARTIOxEXsn3ICSehuY2a5T1E200812.shtml? ivk_sa=1023197a。

对话的固定机制，每年轮流在中国和非洲举行。在"民间为主、政府参与、坦诚对话、凝聚共识"的宗旨下，每届论坛邀请中国国内非洲决策部门、研究机构、大学、企业和非洲国家相关组织及机构参会，以此促进中国和非洲学者之间的交流对话，推动对非研究，增进中非人文交流，扩大中非思想界的共识，服务中国企业走向非洲和非洲企业走进中国。[①]

中非智库论坛以中非共同关切的议题推动中非发展经验和治国理政经验的交流。例如，2018年的会议以"改革开放和中非关系"为主题，高度契合中非自主探索发展道路的现实需要，希望通过非洲智库领袖的舆论引导力和社会影响力促进非洲和世界各国了解中国、了解中国共产党、了解中国的改革开放。2019年的中非智库论坛围绕"全面落实中非合作论坛北京峰会成果"议题进行研讨，为全面推动北京峰会成果落实，携手构建更加紧密的中非命运共同体建言献策。本届论坛还分设三个分论坛，与会中非双方代表围绕"携手构建更加紧密的中非命运共同体""共建'一带一路'与非盟《2063年议程》紧密对接""中非智库媒体交流合作与中非话语权建设"三个分议题展开讨论。

---

① 《中非智库论坛第一届会议在杭隆重开幕》，2011年11月4日，https：//www.fmprc.gov.cn/zflt/chn/xsjl/zflhyjjljh/t873978.htm。

表1　　　　　　　　　中非智库论坛（2011—2019年）

	时间	地点	主办方	主题
第一届	2011	杭州	浙江师范大学	
第二届	2012	埃塞俄比亚亚的斯亚贝巴	浙江师范大学非洲研究院和埃塞俄比亚亚的斯亚贝巴大学和平与安全研究所联合主办	新形势下中非如何维护与拓展共同利益
第三届	2013	北京	中非合作论坛中方后续行动委员会指导、浙江师范大学主办	中非智库10+10合作伙伴计划启动
第四届	2015	南非比勒陀利亚	浙江师范大学、南非外交部、南非马蓬古布韦战略反思研究所共同主办	非洲2063愿景下的发展新趋势
第五届	2016	浙江义乌	浙江师范大学、义乌市人民政府共同主办	中非产能合作与非洲工业化
第六届	2017	埃塞俄比亚亚的斯亚贝巴	浙江师范大学非洲研究院和非盟领导力学院共同举办	中非减贫发展高端对话会
第七届	2018	北京	中非合作论坛中方后续行动委员会秘书处主办，浙江师范大学非洲研究院、国务院参事室国际战略研究中心联合承办	改革开放和中非关系
第八届	2019年8月	北京	中非合作论坛中方后续行动委员会秘书处主办，浙江师范大学非洲研究院承办，中国非洲研究院、中国国际问题研究院协办	全面落实中非合作论坛北京峰会成果
第九届	2020年11月	北京	中非合作论坛中方后续行动委员会秘书处主办，中国非洲研究院承办	中非合作论坛20周年：回顾与展望

资料来源：课题组成员周瑾艳整理。

②中非联合研究交流计划与非洲智库发展

2010年,"中非联合研究交流计划"和"中非智库10+10合作伙伴计划"正式启动。该计划是中非合作论坛第四届部长级会议上宣布的对非合作新八项举措之一,是巩固中非友好民意基础、深化中非新型战略伙伴关系的重要措施。鼓励和支持中非学者和智库进行互访讲学、专题调研、开展国际学术研讨会、出版联合研究成果等,目的是从战略高度谋划中非关系发展大计,探索中非互利合作的途径,促进中非人文的广泛交流,推动国际社会对非洲的关注和支持。

中非联合研究交流计划的10家中方智库单位分别为中国社会科学院西亚非洲研究所、北京大学非洲研究中心、外交学院非洲研究中心、浙江师范大学非洲研究院、中国国际问题研究院、中国现代国际关系研究院、中共中央党校国际战略研究院、上海国际问题研究院、上海师范大学非洲研究中心、云南大学非洲研究中心。非方的智库单位包括塞内加尔非洲社会科学研究发展理事会、尼日利亚国际事务研究所、南非国际问题研究所、南非斯坦陵布什大学中国研究中心、喀麦隆国际关系研究所、摩洛哥穆罕默德五世大学非洲研究所、埃塞俄比亚亚的斯亚贝巴大学和平与安全研究所、肯尼亚非洲经济研究所等。

2019年3月,中非联合研究交流计划指导委员会在外交部举行扩大会议，会议指出，应深化对国别、区域和专题问题研究，加强对非公共外交和治国理政经验交流，加强政府部门和学术机构交流互动，促进非方更加积极参与中非智库交流合作，为推动落实中非合作论坛北京峰会成果、推动新形势下中非关系更大发展发挥积极作用。

2019年4月，"中国非洲研究院"成立，成为中国与非洲开展人文和社会科学、发展经验等领域交流和政策沟通的重要智库。中国非洲研究院与非洲智库就中国改革开放四十年、发展中国家发展道路、中非共建"一带一路"等前沿课题进行深度研究，定期举办研讨会、发表学术报告、开展学者互访，与非方共同创办《中国—非洲学刊》等研究期刊，计划三年资助50项中非共同专题研究项目。[①] 鼓励非洲专家智库开展中国问题研究，继续打造"中非智库论坛"品牌，构建中非智库合作网络，加强中非联合调研和学术交流机制。中国非洲研究院还与非洲建立了三大机制，即中非治国理政交流机制，中非可持续发展交流机制，中非共建人类命运共同体交流机制，三大机制下设大使讲坛和中国讲坛，通过中国脱贫经验、深圳

---

① 中华人民共和国商务部：《中非合作论坛北京峰会"八大行动"内容解读》，2018年9月19日，http://www.mofcom.gov.cn/article/ae/ai/201809/20180902788421.shtml。

特区改革开放经验、中国抗疫经验的交流促进中非政策决策者和研究者之间的政策沟通。

2. 设施联通

在设施联通方面，基础设施落后制约经济发展是非洲面临的最大瓶颈。交通运输业落后导致非洲国家国内贸易和跨国区域贸易成本高昂，还阻碍了非洲吸引外资。基础设施建设是中非合作的重要组成部分，其投资规模大、回收期限长、风险因素多，在资金需求、舆论压力等方面面临一定的风险挑战。中非基础设施合作的一批重大项目已为当地带来了实实在在的好处，中非基础设施合作将为中国与其他"一带一路"沿线区域的基础设施合作提供借鉴和启示。

中国是非洲基础设施建设的主要贡献者。非洲国家每年在基础设施建设方面的资金缺口据世界银行数据高达500亿美元，据非洲开发银行估算，约为每年680亿美元至1080亿美元之间。除了资金缺口，非洲还存在机械设备缺乏、技术人才和管理能力欠缺等发展障碍，中国在基础设施建设领域所具有的竞争优势恰好与非洲形成互补。从长远发展看，基础设施互联互通是前提，基础设施缺乏的国家则难以实现工业化。

（1）中非基础设施合作贡献巨大

自"一带一路"倡议提出以来，中非基础设施建设合作明显提速，2014年李克强总理访非时提出中方愿与非方合作建设非洲铁路网、高速公路网以及非洲区域航空网络"三大网"。中非基础设施合作被列为2015年中非合作论坛约翰内斯堡峰会宣布的"十大合作计划"和2018年北京峰会宣布的"八大行动"的重要领域。根据麦肯锡的统计数据，2015年，中国向非洲基础设施建设投入的金额累计已达210亿美元，远高于非洲基础设施集团（成员包括世界银行、国际金融公司、欧洲执行委员会、欧洲投资银行、非洲开发银行和八大工业国组织）的投资总额。据德勤2019年报告，中国为五分之一的非洲基础设施项目出资，承建了三分之一的项目，是出资、承建项目最多的单个国家。在整个非洲大陆，基础设施的投资方出资比例排名为非洲政府（24.5%），国际开发性金融机构（13.7%），中国（18.9%），非洲国内私人投资方（10.6%），非洲开发金融机构（9.1%），阿联酋（3.9%），澳大利亚（2.3%），英国（2.3%），跨国集团（2.1%），美国（1.7%），南非（1.2%），加拿大（1.0%）。在东部非洲，政府普遍重视基础设施建设，82.4%的基础设施为政府所有，但东非政府仅为其基础设施项目提供了12.9%的资金，非洲开发性金融机构提供14.4%的资金。中国政府和企业共同为非洲基础设施建设提供了25.9%的资金，所有国际开发性金融机构共提供了20.1%的资金支持，除此之外，东非基建的出资方还包括欧盟国家（7.2%），非洲国内私营企业（4.3%），英国（3.6%），其他单个国家（共10.1%），以及联合企业（1.4%）。[①] 基础设施建设对非洲经济结构调整意义重大，也是对非洲日益增长的人口和城市化的有力回应。

非洲国家，尤其是东非国家对基础设施建设有强烈的意愿。交通基础设施建设有利于降低运输成本，对区域发展具有溢出效应。由中国路桥工程有限责任公司承建并运营的蒙内铁路全长约480公里，东起肯尼亚东部港口蒙巴萨，西至首都内罗毕。作为肯尼亚独立以来的首条新铁路，全线采用中国标准，这条铁路的运营大大便捷了内罗毕与蒙巴萨之间的人员往来，截至2019年8月8日，蒙内铁路2019年已运送旅客94.9万人次。2019年5月31日铁路通车两周年之际，运营公司宣布铁路已运送旅客超过300万人次。货物运输时间也由原来十多个小时缩短至4个多小时，这些都将助推肯尼亚成为地区物流中心和制造业中心。2017年7月，横贯安哥拉全境、全长1344公里、由中铁二十局集团有限公司以设计—采购—施工总承包模

[①] 德勤咨询：《2018年非洲基础建设市场动态》，2019年3月15日，https://www2.deloitte.com/cn/zh/pages/international-business-support/articles/2018-africa-construction-trends-report.html。

式建设的本格拉铁路全线成功移交给安哥拉政府。该项目是安哥拉有史以来修建的线路最长、速度最快、规模最大的现代化铁路，也是中国企业本世纪海外一次性建成最长的铁路。2019年8月，本格拉铁路迎来首列跨境四国往返运输的"非洲之傲"旅游列车，列车的开行标志着坦桑尼亚、赞比亚、刚果民主共和国和安哥拉四国铁路首次实现互联互通，大西洋与印度洋之间的国际铁路大通道形成。

2020年新冠肺炎疫情期间，中国在非洲的基础设施建设仍坚持运营。中国在非洲的1100多个合作项目持续运行，中方通过商业航班、临时包机方式，安排2000多名中资企业人员赴非洲20国复工复产，另有大量劳务和技术人员坚守岗位。2020年9月9日，外交部非洲司司长吴鹏出席中国同非盟抗疫特使视频磋商时表示，新冠肺炎疫情期间，中方建设和运营的亚吉铁路和蒙内铁路货运量不减反增，发挥了更重要的运输大动脉作用。2020年上半年，亚吉铁路运量在疫情中逆势上扬，安全顺利完成民生物资运输工作。疫情期间，中国、埃塞俄比亚、吉布提三国员工共同努力，亚吉铁路运维公司陆续将积压在港口的8000个集装箱以及6万多吨粮食、7万多吨化肥全部运抵埃塞俄比亚境内的莫焦旱港。在疫情期间保障埃塞俄比亚抗疫、民生和农业生产的需要，承担运输生命线的担当。得益于货运业务的出色表现，亚吉铁路2020年上半年运量大幅提升，运营总收入达2654万美元，较2019年同期上升了51.38%。自2018年1月正式商业运营以来，亚吉铁路运量每年保持40%的增幅。

（2）中非基础设施合作形式多元

中国与非洲开展基础设施建设合作的形式大致可以分为四种。

①政府援助工程。即中国政府通过提供无息贷款等，援助非洲政府进行铁路、桥梁、公路、电厂、水坝、体育场馆、会议中心等公共设施的建设。

②承包工程。一般由中国企业驻非洲分公司在非洲通过公开招标或议标等途径寻求公路、铁路等基础设施项目，承担一些使用世界银行、非洲发展银行贷款或当地政府自有资金的工程项目的建设任务。目前，中国承包商占据了非洲国际工程总承包（EPC）市场的近一半份额，非洲市场的前十大国际EPC承包商的六家均为中国企业。

③EPC + F项目。即由中国政府接受外方申请向项目东道国政府提供的两优贷款项目（即"中国对外优惠贷"和"优惠出口买方信贷"项目），由中国企业设计、施工、总承包的建设项目。此类项目一般都是通过中资企业与东道国政府以议标方式达成协议，中企不负责还贷，只负责建设。

④中国企业参与投资的项目。即中国政府和中国政策性银行支持中国企业和外国政府及外国企业合作共同投资建设的项目，主要方式包括建设—经营—转让（BOT）、建设—拥有—运营—移交（BOOT）、改建—运营—移交（ROT）等。也包括 B2B 的形式（纯商业模式，政府不贷款、不提供担保、不投入）。B2B 形式是近几年才出现的，以前很少。2012—2015 年，中国对非洲的基础设施投资年均增长率已经达到 16%。

中国在非洲援助、投资、建设和运营的基础设施不但为非洲自身的工业化和经济腾飞奠定基础，也改善了非洲的营商环境，激发了西方国家和其他新兴国家对非洲的投资兴趣，具有鲜明的公共产品的属性。

3. 贸易畅通

在"一带一路"倡议和中非合作论坛机制的框架下，中非坚持平等互利的原则，发展中非友好合作。中非在经济发展方面具有高度的互补性，互有优势、互有需求，互有机遇，中国是非洲第一大贸易伙伴国。非洲设施联通进一步促进贸易便利化。非洲国家十分重视发挥贸易对推动经济增长和可持续发展的作用。非盟《2063 年议程》的发展目标之一是，到 2045 年，将非洲内部贸易占非洲贸易的比例提高到 50%，将全非贸易占全球贸易的比重提高到 12%。《非洲大陆自由贸易区协定》为中非贸易合作提供了新的机遇,中国在努力扩大进口的同时,积极推动非洲国家对中国扩大出口,助力非洲经济的转型升级。

(1) 中非贸易的基本情况

2000—2008 年,中非贸易增长迅速,进出口贸易总额由 181.3 亿美元增加到 1052.1 亿美元。受国际金融危机的影响,中非贸易额在 2009 年下跌至 893.5 亿美元,但随后恢复增长趋势。[①] 中非贸易额逐年提高,2019 年达到 2087 亿美元,是 2000 年时的 20 倍,2009 年以来中国连续 11 年保持非洲第一大贸易伙伴地位。[②] 2014 年以来,中国对非出口保持稳定,但国际石油和大宗商品价格下跌严重影响了非洲对中国的出口价值。2018 年中非贸易额为 1850 亿美元,高于 2017 年的 1550 亿美元。(参见图 1)

2019 年,中非贸易持续增长,南非、安哥拉、尼日利亚、埃及、阿尔及利亚连续 7 年成为中非前五大贸易伙伴。中国对非投资稳步增长,中国前五大非洲投资目的国是赞比亚、尼日利亚、安哥拉、肯尼亚和刚果(金),中国对非投资前五大行业是建筑业、制造业、租赁和商务服务业、采矿业和批发零售业。中

[①] 程诚:《中非贸易的挑战与机遇》,《中国投资》2018 年第 22 期。
[②] 戴兵:《二十载耕耘结硕果 新时代扬帆启新程——纪念中非合作论坛成立 20 周年》,《中国投资》2020 年 3 月号。

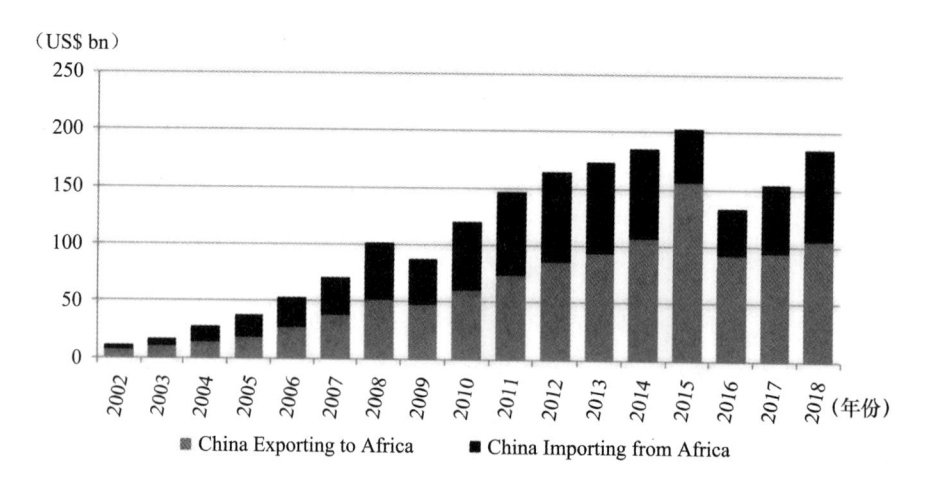

图1 2002—2018年中非贸易额

资料来源：约翰斯·霍普金斯大学高等国际问题研究院中非研究院倡议数据库。

非经贸合作的重点领域承包工程开始转型升级，一般建筑、交通运输和电力工程成为中国在非承包工程的前三大行业。同时，中非合作的部分承包工程项目开始转型升级，投建营一体化、公私合营等成为实施基础设施项目合作的新模式。

新冠肺炎疫情期间，全球贸易下滑，中非贸易也受到影响。中国海关总署发布的数据显示，2020年1—4月，中国与非洲地区货物贸易进出口总额为3853.6亿元，同比下跌16.22%，在中国进出口总额中的占比为4.25%。[①] 中非贸易额在2020年上半年下

---

① 中国商务新闻网：《中非经贸期待后疫情时代的逆袭》，2020年6月17日，http://shanghaibiz.sh-itc.net/article/dwjjyw/202006/1496821_1.html。

降的主要原因如下。其一,在中方抗击新冠肺炎疫情取得阶段性成效之际,非洲的新冠肺炎疫情大规模爆发,不得不采取"锁国锁城"等措施,整个非洲大陆的机场和边境多处于关闭状态,中非贸易受到拖累。其二,尽管中非合作一直助力非洲结构转型和中非贸易多元化,但石油、铜和铁等自然资源在现阶段仍主导大部分非洲国家的对外贸易关系。新冠病毒导致大宗商品价格跌至历史低点,而且中国自身受疫情影响需求放缓,影响传导至依赖中国市场的非洲国家。[①] 但疫情为中非跨境电商带来新的机遇,在2020年的广交会上,埃及、南非等国参与广交会线上推介活动,共有100多名非洲采购商和企业家参与线上互动。2020浙江出口网上交易会启动,中非多国客商在线上展开合作洽谈。2020年上半年,中非贸易额超过800亿美元,中国对非投资同比逆势增长1.7%,展现了中非合作的巨大韧性与活力。

（2）中非合作论坛机制下的中国对非经贸举措

2000年建立的中非合作论坛至今已成功运行21年,成为推动和引领中非贸易合作前进的重要机制,中非贸易合作一直是中非合作的基石。2016年中非合

---

① 中国商务新闻网:《中非经贸期待后疫情时代的逆袭》,2020年6月17日,http://shanghaibiz.sh-itc.net/article/dwjjyw/202006/1496821_1.html。

作论坛约翰内斯堡峰会提出"十大计划",其中包括中非贸易和投资便利化合作计划。2018年中非合作论坛北京峰会提出"八大行动",与中非贸易合作相关的举措包括产业促进行动、设施联通行动、贸易便利行动等。与西方国家相比,中国与非洲的合作秉持真实亲诚理念和正确义利观,注重帮助非洲培育内生增长能力,着重推动"一带一路"倡议与非洲各个国家的发展战略、非盟《2063年议程》以及联合国《2030年可持续发展议程》的对接。

在中非贸易便利行动中,中国将扩大进口非洲商品特别是非资源类产品,支持非洲国家参加中国国际进口博览会,免除非洲最不发达国家参展费用;继续加强海关及市场监管方面交流合作,实施50个非洲贸易畅通项目;定期举办中非品牌面对面活动;推动中非电子商务合作,建立电子商务合作机制等。

中非贸易便利行动与中非产业促进行动互相助力。扩大非洲非资源类产品从非洲的进口要求中国助力非洲加快农业现代化和工业化,实现非洲国家经济转型发展,最终帮助非洲国家通过提高自主发展能力摆脱贫困。联合国《2030年可持续发展议程》提出促进具有包容性的可持续工业化,非盟《2063年议程》明确提出非洲制造业和农业发展的目标和方向,包括到2063年非洲制造业占GDP的比重达到50%以上,吸纳新增劳动力达到50%以上，农业转型为现代化和高利润率产业，食品和农业在非洲内部的贸易量占总贸易量的比例提高到50%，减少粮食进口，消除饥饿，实现粮食安全。中非产业促进行动提出设立中国—非洲经贸博览会。2019年6月，第一届中国—非洲经贸博览会在湖南长沙举办，搭建了中非经贸合作的新平台。中国鼓励企业赴非开展投资合作扩大对非投资，新建和升级在非洲已有的经贸合作区。

非洲大陆目前的互联网用户约为4.65亿人，预计2025年将达到4.95亿人。根据数据统计网站Statista的预测，非洲电子商务市场的收入2020年达到184.2亿美元，到2024年，市场规模可能增加到346.62亿美元，平均年增长率达到17.1%。世界电子贸易平台（eWTP）是阿里巴巴集团为全球中小企业提供的电子商务交易数字化基础设施，率先在卢旺达落地。2019年，中国通过eWTP平台从卢旺达进口的商品总成交额增长124%，通过平台对卢旺达出口的总成交额同比增长近80%。2019年底，东非大国埃塞俄比亚也选择加入eWTP，希望通过发展电子贸易基础设施来分享数字经济的红利，实现经济繁荣。

目前，非洲电子商务发展势头最快的国家是尼日利亚、肯尼亚和南非。非洲40%的电子商务企业把总部设在尼日利亚，肯尼亚的移动支付交易环境则更为发达，而南非拥有较大的跨境电商潜力。新冠肺炎疫情全球性大流行以来，中国取得抗击新冠肺炎疫情斗争重大战略成果，率先复工复产，加快经济复苏，为非洲经济复苏注入了动力。2020年第一季度，由中国企业家创立的非洲电商平台Kilimall的订单量翻了近一番。目前Kilimall电商平台已覆盖尼日利亚、乌干达、肯尼亚等非洲国家，用户超过1000万人。通过跨境电商，优质的非洲商品，例如埃塞俄比亚的咖啡、塞内加尔的花生通过电商渠道进入中国市场，一方面提升了中国民众的消费品质，另一方面为非洲的农户提供了市场、资金和就业机会。2020年6月，联合国副秘书长兼非洲经济委员会执行秘书薇拉·松圭亲自"直播带货"，3000包卢旺达咖啡瞬间被中国网民在电商平台抢购一空。

（3）中非自贸区的建设

目前，非洲主权国家所达成的双边贸易协定数量极为有限。截至目前，仅有摩洛哥与美国、毛里求斯与中国先后达成了双边贸易协定。整体上，全球主要发达经济体对非自贸区的建设较为滞后。[①] 在多边层面，非洲大陆与域外经济体之间已生效的制度性贸易安排已有20多个。科特迪瓦、南非、喀麦隆先后与欧

---

① 计飞：《中非自由贸易区建设：机遇、挑战与路径分析》，《上海对外经贸大学学报》2020年第4期。

盟建立了自贸区，埃及、突尼斯、摩洛哥与欧洲自由贸易联盟也达成了贸易安排，南部非洲发展共同体、南部非洲关税同盟分别与欧盟和欧洲自由贸易联盟签订了自贸协定。[①]

在中非双边层面，2019年10月17日，中国与毛里求斯签署了《中华人民共和国政府和毛里求斯共和国政府自由贸易协定》，这是中国与非洲国家的第一个双边自贸协定，标志着中非贸易领域制度性安排取得了新的突破。在非洲区域层面，非洲经济一体化日益深化，非洲大陆力图以同一个声音在国际舞台发声，但中国尚未形成与非洲区域和次区域经济体的自由贸易协定。与中非经济合作的突飞猛进相比，中非自贸区建设相对滞后。

2015年6月，非洲联盟国家元首和政府首脑启动了非洲大陆自由贸易协议谈判。2017年底，谈判升级，最终起草协定。2018年3月初，自贸区谈判论坛举行了第十次会议，以敲定未决事项，并完成法律清理工作，为签署《非洲大陆自由贸易区协定》做准备。未决事项包括商定争端解决机制和最后确定货物议定书的若干附件。2018年3月21日在卢旺达首都基加利举行的非盟非洲大陆自贸区特别峰会上通过协定，

[①] 计飞：《中非自由贸易区建设：机遇、挑战与路径分析》，《上海对外经贸大学学报》2020年第4期。

44个非洲国家签署了该协定。根据协定条款，非洲大陆自贸区协定的生效需要22个国家批准。2019年5月，非洲联盟宣布非洲大陆自由贸易区协定正式生效。2019年7月7日，在尼日尔首都尼亚美召开的第十二届非盟特别峰会上，正式宣布非洲大陆自由贸易区成立，当时共有54个成员签署了非洲大陆自由贸易区协定，并有27个国家批准了该协定（至2020年2月，批准该协定的国家增至29个）。非洲大陆自由贸易区协定原计划于2020年7月正式实施，但受新冠肺炎疫情影响推迟至2021年1月1日正式开始实施。

近年来非洲国家经济增长迅速，但非洲国家内部贸易处于全球最低水平，非洲大多数国家与非洲区域外的国家进行贸易。这使得非洲在全球贸易市场中以原材料交换制成品，在全球贸易中所占比重微小。大宗商品价格波动对依赖资源出口的非洲国家构成挑战，同时非洲自然资源增值有限，过度依赖出口，极易受到外部冲击。非洲国家充分认识到贸易对非洲经济发展的重要性，非洲大陆自由贸易区的建立不仅鼓励非洲内部贸易，同时还力图提升非洲在与世界其他地区和国家开展贸易时的地位。

非洲大陆自贸区将极大地促进贸易和投资便利化，提升非洲各国的生产力竞争力，扩大非洲市场，从而促进基础设施、农业、能源、电信、银行等行业的对非投资。中非经贸合作的重要依托，中非经贸合作区和产业园区在非洲自贸区框架下迎来重大发展机遇，但也面临着非洲自身发展滞后、美国实施贸易霸权以及新冠肺炎疫情的挑战。

4. 资金融通

资金融通是"一带一路"倡议与非洲《2063年议程》对接的关键支撑。中国目前是非洲最大的工程承包国、最大的基建融资来源国和第三大援助贷款来源国。2019年中非贸易额超过2000亿美元，中国对非全行业直接投资存量近500亿美元，分别是20年前的100倍和20倍。《中非合作论坛——北京行动计划（2019—2021年）》提出，中方将对国内企业承揽的铁路、电信、电力等重点项目提供出口信贷、保险支持，并设立50亿美元的非洲进口贸易融资专项资金，提供200亿美元信贷资金额度，设立100亿美元的中非开发性金融专项资金。同时，中非还积极加强在亚洲基础设施投资银行、金砖国家新开发银行、丝路基金、世界银行、非洲开发银行等多边开发机构框架下的合作，随着"一带一路"建设的不断推进，资金融通的保障作用还将进一步增大。

2019年2月，中国进出口银行正式设立50亿美元自非洲进口贸易融资专项资金，帮助非洲国家更好享受中国改革开放成果,使中非人民共享贸易交流福利。专项资金由进出口银行负责设立,采取市场化原则和商业准则运作,不对具体国家和行业设定额度,主要方式包括进出口银行各类融资和增信业务。专项资金重点支持中国境内(不含港澳台地区)进口的原产地为非洲的货物和服务、非洲对华出口加工产品的产业建设、有助于加强非洲对华出口能力的产业园区建设。专项资金服务的对象为中国境内注册的工商企业客户(不含港澳台地区)及金融机构、非洲出口企业和非洲金融机构(含国内银行和跨国银行在非洲的分支机构)、非洲国家政府。[①]

关于非洲债务问题,根据美国约翰斯·霍普金斯大学"中非研究倡议"项目数据,2000—2017年,中国向54个非洲国家提供的美元贷款中,80%来自官方金融机构,20%来自民营银行。在这一数据基础上,英国国际债务研究机构"朱比利债务运动"估计,中国债务在非洲外债中的比重最多占20%。相比之下,在非私营部门融资比重为32%,多边金融机构债务占比35%。这意味着私营部门和多边金融机构才是当前非洲国家的主要债务来源。

[①] 《进出口银行正式设立50亿美元自非洲进口贸易融资专项资金》,2019年2月28日,http://gn.mofcom.gov.cn/article/zxhz/201902/201902028 3556 5.shtml。

2020年新冠肺炎疫情期间，中国积极倡议和执行G20"缓债倡议"，支持进一步延长倡议期限。截至2020年11月，中国进出口银行作为双边官方债权人已同11个非洲国家签订缓债协议，鼓励中国金融机构基于市场原则同非洲国家就商业贷款债务进行友好磋商，呼吁国际债权人延长"缓债倡议"，呼吁国际多边金融机构和私人金融机构参与"缓债倡议"。中国也积极支持国际货币基金组织（IMF）和世界银行的债务救助工具，包括IMF赈灾基金等。[①] 中国还在双边层面积极开展对非债务救助，免除15个非洲国家截至2020年底的无息贷款债务。

5. 民心相通

国之交在于民相亲。在2020年11月举办的中非智库论坛第九届会议上，莫桑比克前总统希萨诺在致辞时表示，经过几十年持续的发展，中国和非洲之间的关系已经非常牢固，但大部分都处在政府层面，如果中非关系再进一步夯实发展的话，需要进一步扩大范围，让更多民间交流参与进来。

中非设施联通、贸易畅通等工程的推动，难免触及非洲国家主权、利益、环境、伦理等敏感问题。加

---

① 周玉渊：《中非共促发展：解决非洲债务问题的根本》，2020年11月18日，http://www.focac.org/chn/zfgx/jmhz/t1832243.htm。

上大国在非博弈日益激烈，西方国家故意抹黑中国，中非"一带一路"建设难免遭到媒体、环保组织、国际非政府组织等非官方力量的抵制和干扰。因此，民心相通、人文交流并非"五通"中最不重要或者是顺带完成的工作，而是"五通"的核心，是其他"四通"的基础。民心相通需要政府、企业、媒体、民间组织的共同努力，要充分利用新媒体和信息化等现代手段，用非洲本土化的形式赢取非洲民众的心。

（1）中非人文交流

习近平主席在 2019 年 5 月召开的"亚洲文明对话大会"强调，文明因多样而交流，因交流而互鉴，因互鉴而发展。要实现世界的和平安宁、共同繁荣和开放融通，就需要加强世界上不同国家、不同民族、不同文化的交流互鉴。①

21 年来，中非合作论坛不断加强人文领域的合作、引领中非文明交流互鉴，中非友好的民意基础持续巩固。在论坛框架内，中非青年大联欢、智库论坛、媒体合作论坛等重要人文交流机制和平台陆续创立，中非文化、教育、新闻等领域合作全面开花，青年、妇女、民间组织和学术界交流日益频繁。中国累计向非洲国家提

---

① 《习近平在亚洲文明对话大会开幕式上的主旨演讲（全文）》，2019 年 5 月 15 日，http://www.xinhuanet.com/politics/leaders/2019-05/15/c_1124497022.htm。

供了约 12 万个政府奖学金名额,在非洲 46 个国家合作建设了孔子学院和孔子课堂,拓宽了中非语言文化交流之路。中非双方建立了 150 对友好城市关系,34 个非洲国家成为中国公民组团出境旅游的目的地。①

中非青年大联欢是中非合作论坛框架下最具活力的品牌活动,是中非青年碰撞思想、深化了解、相互学习、增进友谊的重要平台。2020 年,非洲青年代表团在江西开展为期五天的联欢活动。

中非积极推进传媒合作发展,鼓励双方新闻机构互派记者交流学习,鼓励相互引进电影、电视节目。在中非合作论坛的框架下,中国出版发行机构向非洲电视台提供了众多中国优秀影视作品译制片。中国影视剧,如《媳妇的美好时代》,数次重播,极大地丰富了非洲当地影视节目内容,为当地人民了解中国开辟了重要窗口。

广义的人文交流涵盖面较广,其所涉及的内容不仅仅是传统文化艺术等领域,也包括教育、培训、研究、管理经验等众多社会科学领域。② 中国始终注重倾听非洲声音,尊重非洲意愿,契合非洲需要。中方人

---

① 《中非人文交流取得累累硕果》,外交部发言人办公室,2020 年 10 月 27 日,https://news.sina.com.cn/c/2020-10-27/doc-iiznezxr8400486.shtml。

② 杨宝荣:《"一带一路"倡议下的中非人文交流》,《西亚非洲》2020 年第 2 期。

员在合作中同非洲兄弟一起流汗、一起努力、一起进步。中国的对非合作深入基层、深入农村、深入田间，仅医疗队员中方已累计派出 2.1 万人次，迄今在非洲各国医治病患 2.2 亿人次。[①] 在中非联合抗疫的斗争中，除了中国政府的医疗援助，中国企业和民间组织，如扶贫基金会，中国红十字基金会等，第一时间向非洲伸出援手，受到非洲民众广泛赞誉。

（2）中非职业教育合作

能力培训和职业教育有助于为非洲培育人才，提高就业能力，成为中非民心相通的重要途径。据联合国统计，目前非洲人口 13 亿，其中 30 岁以下比例高达 70%。自中非合作论坛建立以来，中国积极帮助非洲国家培养各类人才，加强人力资源开发合作，提供大量政府奖学金和研修培训名额，为提升非洲国家自主发展能力发挥了积极作用。与西方大国不同，中国向非洲提供的培训类公共产品并不是以培养精英为目标，而是以培养技术人员和经济合作人才为重点，目的是提升非洲国家的自主发展能力。

中国在非洲援建的第一个职业教育机构是 20 世纪 80 年代的苏丹恩图曼职业培训中心。[②] 中国对非洲成

[①] 王毅：《中非合作论坛引领国际对非合作》，2020 年 1 月 13 日，http://www.xinhuanet.com/world/2020-01/13/c_1125453172.htm。

[②] 陈明昆、张晓楠、李俊丽：《中国对非职业教育援助与合作的实践发展及战略意义》，《比较教育研究》2016 年第 8 期。

系统的职教援助则开始于第二届中非合作论坛,此后中国不断加强与非洲的职业教育合作,到 2016 年约翰内斯堡峰会时,中国政府承诺在非洲当地培养 20 万名职业和技术人才,提供 4 万个来华培训名额。2018 年北京峰会中国承诺推动更多非洲青年参与中非合作,将在非洲设立 10 个鲁班工坊,向非洲青年提供职业技能培训,支持设立旨在推动青年创新创业合作的中非创新合作中心。(参见表 2)

表 2　　中非合作论坛对非洲职教援助的承诺

中非合作论坛行动计划	与中非职教合作有关的举措
亚的斯亚贝巴行动计划(2004—2006 年)	建立高等院校与技能和职业教育培训学校间的交流渠道;中国将继续帮助非洲高等院校与技能和职业教育培训学校加强学科和专业的建设
北京行动计划(2007—2009 年)	每年为非洲国家培训一定数量的教育行政官员、大中小学及职业教育学校校长和骨干教师
沙姆沙伊赫行动计划(2010—2012 年)	倡议实施"中非高校 20+20 合作计划",选择中方 20 所大学(或职业教育学院)与非洲国家的 20 所大学(或职业教育学院)建立"一对一"的校际合作新模式,加大为非洲国家中小学、职业院校培养和培训师资的力度,今后 3 年为非洲国家培训 1500 名校长和教师
北京行动计划(2013—2015 年)	中方将为非洲援助职业技术培训设施,为非洲国家培训职业技术人才,尤其帮助非洲青年和妇女提高就业技能
约翰内斯堡行动计划(2016—2018 年)	中方将支持非洲国家改造现有的或新建更多的职业技术培训设施,在非洲设立一批区域职业教育中心和若干能力建设学院,在非洲当地培养 20 万名职业和技术人才,提供 4 万个来华培训名额,帮助青年和妇女提高就业技能,增强非洲自我发展能力

续表

中非合作论坛行动计划	与中非职教合作有关的举措
中非合作论坛——北京行动计划（2019—2021年）	将在非洲设立10个鲁班工坊，向非洲青年提供职业技能培训。鼓励并支持开展高层女性对话、专题研讨、技能培训、女企业家对口交流等，共同促进妇女全面发展，实施面向弱势群体的妇幼心连心工程

资料来源：课题组成员周瑾艳根据历届中非合作论坛行动计划整理。

2018年1月，非洲第一条以中国标准建设的跨境电气化铁路亚吉铁路正式商业运营，铁路的建设方中国土木工程集团有限公司（中土集团）与中国中铁联营体转变为运营方，中国对埃塞俄比亚的技术和职业教育培训进入新的阶段。亚吉铁路的项目劳务用工以当地人为主，在建设过程中为埃塞俄比亚和吉布提两国培育和储备一批熟悉、认同中国技术标准的属地化运营人才。亚吉铁路项目累计在埃塞俄比亚雇用当地员工4万人，在吉布提雇用当地员工5000人以上。除普通劳务工人外，项目还雇用了大量当地高级雇员。中土集团不仅派遣自己的铁路工程师、技术人员和司机到埃塞俄比亚去，对当地员工进行一对一的培训，还支持埃塞俄比亚员工到天津铁道职业技术学院进行培训，目的是尽快将铁路运营技术传授给埃塞俄比亚方面。[1]

---

[1] 财政部政府和社会资本合作中心：《"一带一路"PPP项目案例——东非亚吉铁路项目》，2017年6月30日，http://www.cpppc.org/zh/ydylal/5269.jhtml。

为了进一步储备铁路人才，提高能力建设，埃塞俄比亚向中方正式提出了建立埃塞俄比亚铁道学院的请求。在中国政府的无偿援助下，埃塞俄比亚铁道学院由中铁二院工程集团有限责任公司负责援建和硬件规划，西南交通大学则负责软件的规划。2019年10月，亚吉铁路运维公司安排34名当地火车司机学员赴中国进行培训，这批学员成为第一批埃塞俄比亚铁路电车司机。

（3）中非治国理政经验交流

中国对非洲的能力建设援助从单纯援建教育类基础设施和技术人员来华培训，发展到政府官员研修研讨、党际交流合作等，经历了从"技术"到"管理"再到"治理"的三个阶段。[①] 2011—2015年，中国与世贸组织秘书处共同创立"最不发达国家及加入世贸组织"中国项目，通过支持实习和贸易对话提升非洲等发展中国家的贸易谈判能力。[②] 2018年中非合作论坛北京峰会承诺将实施"头雁计划"，中方愿毫无保留地与非方分享中国的发展理念和经验，为非洲国家自主选择适合本国国情的发展道路提供更多选项。2019—2021年，中方将结合非洲国家实际需要，通过

[①] 商务部研究院编：《国际发展合作之路——中国对外援助40年》，中国商务出版社2018年版，第175页。

[②] 宋微：《积极培育非洲市场——中国援助提升非洲的贸易能力》，《海外投资与出口信贷》2018年第6期。

南南合作与发展学院等平台，与非方加强高端人力资源开发合作，帮助非洲国家培养1000名各领域精英人才，为其实现国家治理体系和治理能力的现代化提供人才储备。

2014年，几内亚、利比里亚、塞拉利昂等西非国家暴发大规模埃博拉疫情，中国政府率先行动，开展了新中国成立以来最大规模的一次卫生援助行动。2020年，新冠肺炎疫情的蔓延给世界各国带来极大的冲击，国际关系和国际格局发生深刻变革，全球团结抗疫的重要性和紧迫性凸显。中国人民在以习近平同志为核心的中国共产党领导下取得了抗击新冠肺炎疫情斗争重大战略成果，疫情防控转入常态化。在抗击疫情的斗争中，中非人民相互支持，践行了人类命运共同体的理念。在2020年6月召开的中非团结抗疫特别峰会上，习近平主席发表了《团结抗疫共克时艰》的主旨讲话。中国向非洲15个国家派遣医疗队，援非医疗物资覆盖所有非洲国家。2020年，中国援建的非洲疾控中心大楼即将落成。

中非合作通过民心相通、资金融通等软性的合作，探索合作理念、贸易规则、区域制度的创新发展，并推动设施联通、贸易畅通等硬领域的合作，通过中非合作与非洲各国自身发展战略的对接与耦合，实现中非合作共赢。

（二）非洲各界对"一带一路"倡议的看法

与欧美对"一带一路"倡议多持怀疑态度，并发布中国在非洲修建"白象工程"，造成"债务陷阱"等不实言论不同，非洲对"一带一路"倡议的看法更加积极，认为中国为非洲带来新的发展机遇，更注重对"一带一路"具体项目的期待。

2020年新冠肺炎疫情期间，面对西方对中国的攻击，非洲多国政党政要致电致函中共中央对外联络部，坚决反对美国部分政客诋毁抹黑中国形象，粗暴干涉中国内政，严重破坏中美关系，希望各方加强沟通与合作，共同维护世界和平、稳定与发展。南非共产党第一副总书记马派拉表示，美国政府不断在南海、涉港、涉藏和台湾等问题上对中国进行挑衅攻击，南非共产党及世界所有爱好和平的人们对此强烈反对。纳米比亚人组党总书记沙宁瓦表示，美国针对中国的一系列举动充分暴露出其霸权主义本质。塞拉利昂人民党总书记科罗马明确反对有关国家借疫情等问题抹黑攻击中国。塞方在涉及中国核心利益问题上支持中方的立场不会动摇，愿与中方保持沟通协调，携手加强国际抗疫合作，推动全球经济复苏。①

1."一带一路"倡议面临的舆论挑战

目前，大国之间在非洲的竞争和博弈日益激烈，部分非洲国家处于大国利益角逐的中心地带，政治经济形势复杂，国际形势特别是域外大国形势势必影响非洲国家的政策。美国为遏制中国在非洲日益增长的影响力，力图孤立中国，未来可能要求非洲在中美之间站队。2018年12月13日，美国国家安全事务助理博尔顿在传统基金会发表演讲，公布了特朗普政府的"新非洲战略"，明确指出对美国利益威胁最大的是中国和俄罗斯。大国对非政策虽较为分化，但大多以各种优惠政策示好非洲，部分非洲国家可能会出现复杂的投机心态，加大中非合作的难度，不实舆论或成"一带一路"倡议在非洲的最大挑战。

随着"一带一路"倡议的持续推进，西方国家关于中国在非洲实行"新殖民主义"的论调不绝于耳。事实上，西方一直戴着"有色眼镜"看待中国与非洲国家之间正常的经济往来、能源合作。由于西方的话语权优势，针对中国缺乏事实依据的不实舆论成为中国推进"一带一路"建设的最大障碍。认为中国在非洲的基础

---

① 《多国政党政要反对攻击抹黑中国的行径》，《人民日报》2020年9月1日第3版。

设施项目是"白象工程"、造成非洲"债务陷阱""掠夺资源"的不实言论甚嚣尘上。一方面，非洲的知识精英大多有西方教育背景，较容易受西方的话语表述影响；另一方面，非洲民主政治中的反对派为了提高支持率可能在选举政治中炒作中国议题，把中国妖魔化。

非洲舆论受西方观点影响很深，关于中国利用铁路项目使得非洲陷入"债务陷阱"的指责经过媒体和自媒体的炒作，可能会歪曲非洲公众对中国的看法，影响中国形象，使得铁路项目的建设和运营被政治绑架。指责中国在非洲进行"掠夺性"贷款的观点认为，中国让其战略延伸线经过的国家陷入巨大的债务压力之中，当这些国家政府违约时，中国便控制其用作抵押的战略资产（如港口），施加政治影响。2018年底，肯尼亚总审计长致肯尼亚港务局的一封函件意外在网络泄露传播，信中提及若肯尼亚铁路公司违约，中国进出口银行可作为债权人对肯尼亚港务局和托管担保金行使债权。此后蒙巴萨港口将被中国接管的传言在非洲流传甚广，肯尼亚将用港口抵债的假设性言论与"债务陷阱"的舆论相互配合，将中国置于舆论压力之下。尽管肯尼亚总统肯雅塔亲自解释蒙巴萨港不会被中国接管，但2019年1月13日，肯尼亚发行量最大的报纸《民族日报》仍发文解读，认为中肯之间的蒙内铁路协定将肯尼亚的战略资产，乃至国家主权都置于风险之中。

2. 非洲学者对"一带一路"倡议的看法

尽管非洲学者对中国在非洲的具体个案项目有不同看法，但总体而言，"新殖民主义""债务负担""白象工程"等西方设置的话语陷阱在非洲智库中并无市场。非洲智库更关心如何建设性地参与到"一带一路"建设中来。

（1）非洲在"一带一路"倡议中的地位

南非国际事务研究所认为，尽管非洲最初在"一带一路"中处于边缘地位，但该计划对非洲大陆与中国的关系变得越来越重要。① 中非合作在许多方面预示着"一带一路"的发展。②

尼日利亚中国问题研究中心主任查尔斯·奥努纳伊朱认为，作为一个由广泛磋商推动，并且将由大家共同分享有益成果的国际合作框架，许多非洲国家已经成为"一带一路"倡议的合作伙伴。③ 他认为非洲

---

① Cobus van Staden, Chiris Alden & Yu-Shan Wu, "In the Driver's Seat? African Agency and Chinese Power", https://saiia.org.za/download/in-the-drivers-seat-african-agency-and-chinese-power/, August 18, 2020.

② Cobus van Staden, "China's Belt and Road Plan: How Will it Affect Africa?" https://saiia.org.za/research/chinas-belt-and-road-plan-how-will-it-affect-africa/, August 18, 2020.

③ Charles Onunaiju, "Africa and China's Belt and Road Initiative", https://thenationonlineng.net/africa-and-chinas-belt-and-road-strategy/, August 18, 2020.

在"一带一路"倡议的陆上和海上部分都具有重要地位。在陆上建设方面,中国企业通过优惠的资金支持,在埃塞俄比亚修建了亚吉铁路(非洲第一条电气化铁路),在肯尼亚修建了蒙内铁路,在尼日利亚修建了阿卡铁路,在安哥拉修建了本格拉铁路。非洲在"一带一路"倡议的海上基础设施方面也有显著地位,到目前为止中国公司已经建造了坦桑尼亚巴加莫约港,肯尼亚蒙巴萨港19号泊位和拉姆港三个泊位,刚果共和国的新黑角港,尼日利亚莱基深海港,喀麦隆克里比深海港和马达加斯加塔马塔夫港。阿尔及利亚舍尔沙勒港已经建成并正在运营,而安哥拉的罗安达港正在建设之中。查尔斯认为,这些港口的显著特征是连接主要道路或位于工业园附近,从而对非洲沿海地区的经济发展具有重大影响。

(2)"一带一路"倡议如何改变非洲在世界体系中的地位

喀麦隆雅温得大学哲学教授、非洲社科理事会前副主席恩克鲁·傅认为"一带一路"倡议在非洲与世界其他地区的关系史上是史无前例的。"西方强加的结构调整方案已经导致非洲遭受了大规模的强制去工业化……值得注意的是,中非战略伙伴关系与世界银行和国际货币基金组织的紧缩计划形成鲜明对比,并回到了世界银行制定的拉各斯行动计划的核心要求,即促进'经济和社会领域的国家和集体自给自足',目标是'建立新的国际经济秩序'。"①

查尔斯·奥努纳伊朱认为"一带一路"通过中国企业和其他国家一道,为提升合作国的形象做出了贡献。中国为非洲所做的最好的事情是提升了发达国家之间在非洲大陆的竞争。中国重新燃起了人们对"非洲崛起"叙事的兴趣。美国最近出资600亿美元启动的国际开发金融公司,日本对非洲开发会议的重新重视,欧盟的"大陆对大陆"倡议只是其中几个例子。②

南非智库专家希望中国在推进"一带一路"倡议时,将非洲的重要性再提升一个层次。南非国际问题研究所的研究报告《非洲需要在中非合作论坛上进行多次协商》中指出,非洲代表中国国际贸易的一小部分,非洲大陆在整体全球布局中的战略地位与中国的邻国相比仍有限。

(3)"一带一路"倡议与非洲发展战略的对接

查尔斯·奥努纳伊朱认为,"一带一路"助益非洲发展和参与国际体系,"一带一路"倡议将与非洲实

---

① La coopération ne s'estjamaiséscartée de cesprincipesfondateurs, https://www.chine-magazine.com/la-cooperation-ne-sest-jamais-ecartee-de-ces-principes-fondateurs/, August 18, 2020.

② Walter Ruigu, "8 Things Critics of China's Belt and Road Initiative Are Not Telling You", https://www.linkedin.com/pulse/8-things-critics-chinas-belt-road-initiative-telling-you-ruigu-%E4%BB%BB%E5%8D%8E%E5%BE%B7-/, August 18, 2020.

现全面可持续增长的战略轨迹相关的所有重大问题，置于显要位置。作为国际合作的新框架和全面的全球治理进程，"一带一路"倡议促使非洲国家克服旧的两极国际体系偏见，同时满足了参与新兴的国际关系多极体系的需要。[1]

南非智库指出，非洲认为"一带一路"倡议推动的基础设施建设与非洲自身的发展路径非常契合。南非约翰内斯堡大学非洲—中国研究中心的大卫·蒙耶和伊曼纽尔·马滕博认为，"非洲领导人在制定非洲发展新伙伴关系和非洲联盟《2063年议程》时已经意识到南部非洲运输网的核心作用。2013年，中国国家主席习近平在哈萨克斯坦发表了具有里程碑意义的'一带一路'讲话，非洲对此表示真心欢迎。非洲人意识到，'一带一路'完美地契合了自己对非洲大陆发展道路的看法。"南非的两位学者认为，非洲大陆对发展的渴求需要对全球贸易路线进行全面重新配置，以克服主要由西方设计的贸易路线的瓶颈。非洲在寻求与西方现有的贸易伙伴关系之外的东方非传统市场。这就是为什么非洲接受"一带一路"的原因，因为它契合了非洲在发展中扩大贸易路线的范围、规模和方向

---

[1] Charles Onunaiju, "Africa and China's Belt and Road Initiative", https://thenationonlineng.net/africa-and-chinas-belt-and-road-strategy/, August 18, 2020.

以及战略合作伙伴的需求。①

尼日利亚国际事务研究所的研究人员恩奋·恩卡姆·武尼指出，非洲应关注如何能够从"一带一路"中获益。基础设施建设和工业化是"一带一路"倡议最纯粹的两大承诺。"非洲应最大限度地利用'一带一路'的投资机会建设基础设施，发展非洲大陆长期缺乏的工业能力。"武尼认为，为了最大程度地从中非合作中获益，非洲国家需要克服一些长期因素：首先是治理，非洲国家需要好的领导，政治意愿，政治延续性和政府项目连续性；其次，非洲应敦促中国信守承诺，尤其是中非合作论坛中的产能合作，非洲应尽力从中受益；最后，非洲应该能够获得中国在2018年中非合作论坛北京峰会上承诺的600亿美元的支持，以支持非洲大陆的发展。武尼认为，关键在于非洲受益国应首先制订国家发展计划，有系统地确定投资领域，从而扩大投资对发展的影响。②

南非全球对话研究所执行所长菲拉内·姆特姆布认为需要特别关注"一带一路"建设过程中各领域与非洲大陆自贸区建设的对接。他认为，"一带一路"

---

① David Monyae and Emmanuel Matambo, "Meaning of the Belt and Road Initiative: A South African Viewpoint", *People's Daily*, February 20, 2019.

② EfemNkamUbi, "How Africa Can Benefit from China's Belt and Road Initiative", *Financial Nigeria Magazine*, June 18, 2019.

是一个催化剂,能够促进新冠肺炎疫情后全球经济、特别是非洲经济的复苏。在疫情冲击下,中国经济最先复苏繁荣,正在进入双循环模式,一方面中国正在提倡国内消费拉动经济,另一方面也在进行产业升级和产业转移,对"一带一路"沿线国家增加投资。对于非洲国家而言,"一带一路"建设将有效增强非洲国家区域内的贸易和制造业能力。同时,非洲大陆自贸区的建设需要对基础设施的大量投入,需要积极加强中国和非洲国家的合作。①

(4) 中国发展经验对非洲的启示

南非国际事务研究所学者劳伦·约翰斯顿和罗伯特·厄利认为,非洲既要从中国的错误(能源和污染密集型产业发展)中汲取教训,又要找到可持续发展的新思路,以复制中国的发展成就。约翰斯顿和厄利认为中国在发展初期通过大量使用低成本劳动力来最大限度地利用其人口红利。在非洲,中国则通过改善基础设施,加强污染治理来帮助非洲直接跃入更清洁的解决方案,包括采用对环境友好的交通运输基础设施,例如在较大的经济中心周围进行长途运输、绿化港口基础设施,以及在私人车辆占主导地位之前,在城市地区先发制人地发展公共交通。通过积极借鉴中

---

① 南非全球对话研究所执行所长菲拉内·姆特姆布在中非智库论坛第九届会议第二分论坛的发言。

国的发展经验，非洲可以提高自身发展进程的效率，减少对环境的破坏。①

（5）部分非洲国家对"一带一路"倡议态度模糊

毛里塔尼亚中国文化交流中心的亚尔巴·卡拉赤博士认为，毛里塔尼亚对"一带一路"的态度模糊不清，这体现为：毛里塔尼亚融入"一带一路"朋友圈较晚，未派任何官员参加第二届"一带一路"国际合作高峰论坛，毛里塔尼亚至今未加入亚投行，而周围国家阿尔及利亚、摩洛哥、突尼斯、科特迪瓦、利比亚都加入了亚投行，毛里塔尼亚至今未拟定与"一带一路"倡议对接的本国愿景。②

3. 非洲民众对"一带一路"倡议的看法

"非洲晴雨表"是一家泛非洲、无党派的民间独立调查研究机构，在非洲 30 多个国家开展有关民主、政府治理、经济状况等议题的民意调查。"非洲晴雨表"于 2014—2015 年在非洲 36 个国家展开第 6 轮调查，其中包括针对中国的一系列问题，包括非洲人如何看

---

① Lauren A Johnston and Robert Earley, "Can Africa Build Greener Infrastructure While Speeding up Its Development? —Lessons from China", https://saiia.org.za/research/can-africa-build-greener-infrastructure-while-speeding-up-its-development-lessons-from-china/, August 18, 2020.

② 王珩、王丽君、刘鸿武：《构建中非命运共同体话语体系——中非智库论坛第八届会议综述》，《图书馆论坛》2020 年第 4 期。

待中国的对外投资和在他们本国的影响力。调查结果表明，公众对来自中国的经济援助活动普遍持积极态度。①

平均来看，36个非洲国家中，美国的发展模式是最受认可的（30%的受访者），中国模式受认可程度紧随其后（24%）。大约每10名受访者中有一名更偏好本国的前殖民宗主国（13%），或认可南非（11%）作为本国的发展模式。大体上，非洲认可中国在他们国家产生的经济和政治影响：近三分之二（63%）的受访者认为，这种影响是"比较积极的"（35%）或"非常积极的"（28%），而只有15%的受访者认为此影响是"比较"或"非常"负面。还有一部分受访者（22%）认为，中国带来的影响既不积极也不消极，或他们表示"不知道"。"非洲晴雨表"2014—2015年的调查结果显示，非洲人认为中国与美国在非洲的影响力和发展模式的受欢迎程度方面势均力敌。媒体有诸多针对中国在非洲获利和运营方面的批评，认为中国成为非洲在经济竞技场上的新对手。然而，物美价廉的中国产品，中国对非洲基础设施建设的投资和对非洲商业发展的促进有助于打造中国在非洲地区的正

---

① 《民意调查显示中国在非洲影响力赢得广泛积极评价》，2016年10月26日，http://www.gov.cn/xinwen/2016-10/26/content_5124475.htm。

面形象。多数非洲受访者较为重视中国的发展援助，认为中国的影响力有利于本国的发展，并非不利因素。

"非洲晴雨表"2020年的调查更新了非洲人对中国在非洲的角色的看法，对中国给予的援助及其在非洲的政治与经济影响力持正面看法。这些新数据也反映了人们对中国贷款、偿还债务、依赖中国和外部资源促进非洲发展的看法。新一轮调查基于18个国家的样本，关于对发展模式的偏爱程度这一指数，与2015年相比没有根本的变化，中国仍然是排在美国之后的第二位。值得关注的是，在18个调研的非洲国家中，除了西非/萨赫勒地区和南部非洲的博茨瓦纳，相比于2015年的数据有所上升外，其他受访国家的国别认知均有所下降。对在非洲影响力的评价调查中，中国高居榜首（59%），美国则排名第二（58%）。[1] 总体而言，非洲国家认为中国的影响力在上升，但非洲对中国发展模式的认知度略有下降。

4. 非洲对有关"一带一路"倡议疑虑的回应

目前对"一带一路"倡议的批评主要来自美国，美国警告非洲等发展中国家，从中国借贷过多会有风险。认为中国通过向经济脆弱的非洲国家发放贷款以

---

[1] Afrobarometer, *Africans Regard China's Influence as Significant and Positive*, But Slipping, Dispatch No. 407, November 17, 2020.

施加政治影响,从而达到更广泛的控制。从宏观和长远的角度来看,同合作国或合作方的分歧并不是中国落实"一带一路"倡议最大的挑战。最难处理的主要是西方对"一带一路"倡议缺乏事实根据的"概念性"批评和恐华舆论。①

(1) 非洲对债务陷阱论的回应

尼日利亚国际事务研究所的研究人员武尼认为指责中国令非洲陷入"债务陷阱"并不合理,因为非洲向西方借贷的资金超过中国,并且非洲需要基建和工业化,不借助外部资金和技术援助,仅仅靠非洲自身无法实现。因此非洲不应让"中国怀疑论"破坏其与中国的投资合作。②

南非国际事务研究所认为"中国制造债务陷阱"的说法忽视了非洲政府的能动性。尽管美国指责中国通过"一带一路"利用贷款控制发展中国家,扩大实力,但全球众多发展中国家认为,这是一个历史性机遇。发展中国家可以参与到自马歇尔计划以来全球规模最大的基础设施建设中。"该计划将耗资超过1万亿美元,并将极大地影响未来的全球秩序。中国政府将

---

① 郑永年、刘伯健:《"一带一路"作为国际公共产品的发展议程》,2019年4月27日,http://www.cdrf.org.cn/jjh/pdf/yidaiyilu.pdf。

② EfemNkamUbi, How Africa Can Benefit from China's Belt and Road Initiative, *Financial Nigeria Magazine*, June 18, 2019.

其视为迈向全球领导地位的重要一步,许多非洲国家的政府都渴望抓住机遇"①。

全球发展中心高级政策研究员、利比里亚前公共工程部长 W. 久德·摩尔对中美两国在非洲经济战略方面的差异发表看法,明确指出"一带一路"倡议不是债务陷阱。她认为,中国在非洲的基础设施投资是无与伦比的,即使中国退出非洲,西方也无法取代中国。"令人沮丧的是,在非洲错综复杂的数百年历史中,从来没有西方国家提出在非洲建设大规模的基础设施。"从19世纪70年代起,塞西尔·约翰·罗得斯的种族主义"文明"项目将开普敦与开罗连接起来,除此之外,从来没有任何计划在财政资源的支持下,建设非洲的铁路、公路、港口、滤水厂或发电站。"正是中国寻求建立公路、铁路和海上基础设施网络,将非洲经济与世界其他地区连接起来。"摩尔认为,西方关于中国的"债务陷阱外交"指控中国发起"旨在攫取非洲国家基础设施资产的阴险而隐蔽的运动",在缺乏西方提供的类似替代方案的情况下,听起来都是空洞的。在中国人到来之前,非洲的基础设施建设主要由欧洲人主导。"在2020年的前8个月里,西方国家

---

① "China's Belt and Road Initiative: How Will It Affect Africa?" https://saiia.org.za/research/chinas-belt-and-road-plan-how-will-it-affect-africa/, August 18, 2020.

已经花费了超过数亿美元来支持他们的经济以应对新冠肺炎疫情大流行。摩根大通预计，在14年（2013—2027年）内，中国的'一带一路'倡议总投资将达到1.3万亿美元，覆盖45亿多人，占全球GDP的近60%。① 这种差距（以美元和时间计算）清楚地表明，如果西方想做到这一点，它可以用自己的基础设施计划来等同于或超过中国的'一带一路'。如果非洲退出中国的基础设施建设计划，哪个西方国家已经准备好并愿意填补这一缺口？"②

（2）非洲对所谓中国"新殖民主义"论的回应

在中非合作论坛成立20周年之际，加纳主流媒体《商务金融时报》刊登非洲资深记者、前东部和南部非洲共同体市场公共关系和企业传播主管姆维西·卡拉克的文章《为什么非洲国家青睐中国？》。文章指出，所谓中国"新殖民主义"论调在非洲没有市场，任何企图诋毁和破坏中非关系的言行注定失败。③

尼日利亚国际事务研究所代所长乌比和拉各斯州

---

① 人民网：《"一带一路"倡议彰显了足够的影响力》，2018年12月27日，http://world.people.com.cn/n1/2018/1227/cl002-30490616.html。

② http://www.cdrcethiopia.org/CDRC%20Digest/CRDC%20DIGEST%20October%202019.pdf.

③ "Why Are African Institutions Attracted to China?", https://thebftonline.com/08/10/2020/feature-why-are-african-institutions-attracted-to-china/, November 22, 2020.

商会会长对 2020 年 5 月美国智库传统基金会在其报告中指责中国可能在帮助非洲修建政府建筑时夹带私货以便对非洲国家实施窃听事件表达了否定观点。

（3）非洲对新冠肺炎疫情的看法

约堡大学非中研究中心主任孟大伟认为，后疫情时代非洲应"向东看"实现经济复苏。新冠肺炎疫情全球大流行和世界经济衰退严重冲击非洲经济发展，非洲多国经济陷入衰退，发展规划搁置，失业率不断攀升。中国在疫情控制方面比其他国家做得都好。在此艰难时刻，非洲政府、企业和公民应改变思路，调整同中国及所有其他合作伙伴的务实合作关系。①

肯尼亚学者恩德格瓦认为，在习近平主席领导下，中国同新冠肺炎疫情进行了激烈斗争，最终取得抗击新冠肺炎疫情斗争重大战略成果，经济社会稳步复苏，成为疫情发生后第一个恢复经济增长的主要经济体。中国在疫情防控、疫苗研发、经济复苏等方面走在世界前列，体现了强大韧性。②

肯尼亚非洲政策研究所所长卡戈万加在肯尼亚《民族报》发表文章，表示中非合作论坛框架下的中

---

① "Africa Must Look East to Revive Economy Post Covid-19", https://www.dwcug.org/africa-must-look-east-to-revive-economy-post-covid-19.

② https://www.pd.co.ke/news/world/chinas-successful-fight-against-pandemic-gives-hope-to-the-world-55068/, November 22, 2020.

非团结合作,帮助非洲大部分国家和地区遏制了新冠病毒传播。中非和国际社会团结抗疫需要多边主义。共同打造人类命运共同体是中非实现和平发展、共同繁荣的必然选择。由中国和54个非方成员组成的中非合作论坛,约有27.9亿人,约占世界总人口的35%,形成全球最大的抗疫合作体。这一合作体为世界最贫穷国家抗击疫情作出了巨大贡献。

二 中非人文交流和"民心相通"的现状及面临的挑战

(一) 中非人文交流和"民心相通"的简要历史回顾

中国与非洲虽在地理上相距万里，但相互间的友好交往却源远流长，自公元前2世纪中国汉朝时张骞通西域以来已有2000多年的历史，唐宋以来的民间人文交往尤为密切。特别是自1949年中华人民共和国成立以来，中国坚定地支持非洲国家和人民反帝反殖、争取和维护民族独立和经济社会发展、增进中非人民之间的交流和友好。据统计，从1949年新中国成立至1960年，非洲41个国家和地区的1000多位民族解放组织的领导人、爱国知识分子及工会、青年、学生、妇女组织的代表和各界人士曾通过各种民间渠道访问中国。非洲国家和人民不畏西方强权和阻挠，支持中国维护国家主权和统一的正义事业，并在1971年第26届联合国大会上支持和帮助中国恢复联合国合法席位。而中国也在自身面临巨大发展挑战、经济非常困难的情况下，急非洲所急、向非洲国家提供了大量不附加任何条件的各类经济和政治援助，全力支持非洲国家和人民的政治独立、经济发展和社会进步。

1. 历史上的中非人文交流和"民心相通"

唐宋两朝对非洲的贸易很频繁。在唐代，仅广州一地的蕃商就有数万人，其中许多来自东非和北非。中国所需要的香料、象牙、犀角、玳瑁多产自非洲。同时，非洲国家对中国的丝绸、瓷器需求也很大。根据非洲考古发掘，唐宋时期中国瓷器输出的范围很广，在北部非洲到达了埃及、苏丹，东部非洲到达肯尼亚、埃塞俄比亚、坦桑尼亚和索马里，南部非洲则抵达过津巴布韦和莫桑比克等。其中又以埃及、坦桑尼亚和肯尼亚发掘的中国瓷器最为丰富。

元朝时中非交往更为频繁，而且出现了几位世界知名的旅行家。一位是中国的汪大渊，另一位是摩洛哥的伊本·白图泰，汪大渊抵达东非桑给巴尔岛，[①] 伊本·白图泰在中国游历考察时到过北京、广州、泉州

---

① 汪大渊：《岛夷志略校释》，苏继庼校释，中华书局1981年版，第358页。

和杭州等地，对中国留下了美好的印象。诚如中国政协新闻网刊发的《伊本·白图泰：一位向世界展示中国的穆斯林》一文所言："《伊本·白图泰游记》中记载的关于中国的部分，不仅为研究中国伊斯兰教史、中外关系史乃至地理学、社会学、民俗学、宗教学等提供了重要参考，更把中国展示给了当时的世界，让世界各国人民增进了对中国的了解。"[1]

明初，郑和七下西洋，三访非洲，把中非交往推向了高潮。郑和的船队到达了今天的索马里、肯尼亚等国的十几个城镇。郑和船队规模之大，航程之远，组织之严密，技术之高超都是前所未有的。从1405—1433年派使臣到中国访问和进行贸易的东非城邦有马林迪，摩的加沙、布腊瓦、朱巴和索马里等。郑和的访问给非洲留下了深刻的印象，以至索马里至今还有以郑和命名的村庄。[2] 东非斯瓦希里海岸因保留众多中国瓷器而被称为"瓷器海岸"，明代彩绘世界地图《大名混一图》已对非洲地理做出绘制。[3]

---

[1] 《伊本·白图泰——一位向世界展示中国的穆斯林》，中国政协新闻网，2013年7月4日，https://baike.baidu.com/reference/10792815/ead8s8gKIoX0kT72WEkQCyVWDbqDAJgc5eVuvTxb9q90xWm1MbYlT9cq1wm0QUq1Nxh2IuQ-vEoZD0kynEIPlKOo-ltjh5zZ3Uj-5YH-Ojn-s_VnUVDm2w。

[2] 何芳川、宁骚：《非洲通史》（第一卷），华东师范大学出版社1995年版，第488页。

[3] 刘若芳、汪前进：《〈大名混一图〉绘制时间再探讨》，《明史研究》（第10辑），黄山书社2007年版，第329页。

15世纪末16世纪初，随着西方殖民者先后入侵和殖民非洲以及中国之后，古代中国与非洲之间的交往又呈现出了一些新的特点。特别是大航海时代东西方新航路的开通，使得中国与非洲的交往半径得以扩大，从原来的北非、东非地区不断扩大到南部非洲以及西非和中非地区；昔日的船队贸易和贡使贸易遭到破坏，以西方国家为中介而进行的间接贸易成为中非贸易的主要形式；西方殖民者的入侵，还使得中国同非洲国家的官方关系由以往主权国家之间的关系蜕变为由西方殖民主义国家插手的所谓"官方关系"，但直接的民间交往并没有中断；在此期间，早期漂洋过海到非洲（特别是南部非洲）的华裔和华工构成了在非洲最早期的华人社会群体。这些早期在非华人与当地人民命运与共，为所在国的民族解放和经济社会发展，以及中非友好做出了很大的贡献。从16世纪初一直到第一次世界大战，这长达400年的岁月可以说是中国与非洲各国共同遭受殖民侵略和统治的时期。也正因为共同的历史遭遇和共同的使命，使中非人民在反帝反殖的斗争中命运与共、相互同情和支持，中非友谊根基牢固、深入人心。

2. 20世纪50—60年代通过民间外交推动中非关系发展

1949年10月中华人民共和国成立到20世纪50年

代初期，由于非洲绝大多数国家还未获得独立，因而这一时期中国和非洲之间主要以民间交往居多。这一时期，随着非洲人民争取民族独立和解放的斗争日益兴起，他们希望了解中国革命的经验，而新中国也对非洲人民反帝反殖以及反对种族主义的斗争满怀同情。中华人民共和国成立后，以美国为首的西方大国对中国实行包围、封锁，采取各种措施阻挠中国与非洲国家和其他国家发展关系。但是不少非洲国家和地区的一些工会、青年和妇女以及其他群众性组织纷纷派遣代表或者代表团前来中国访问，或与中国建立联系。这些广泛的接触和联系，增进了中国人民与非洲人民之间的相互了解和友谊。

直到万隆会议召开后，中国和非洲国家间政治关系的发展才有了实质性的突破。1955年4月18日至24日，亚非会议在印度尼西亚万隆召开，故又称万隆会议。这是亚非国家第一次在没有西方殖民国家参加的情况下自主设置会议议题、自主讨论亚非人民切身利益的大型国际会议，共有29个来自亚非国家和地区的政府代表团参加会议。中国由周恩来总理率领代表团参加了本次会议。与会各国代表本着求同存异的精神，充分讨论了有关民族独立和主权完整、反帝反殖斗争、维护世界和平以及与会各国的社会经济和开展各方面合作等问题。会议经过充分协商，一致通过了包括开展经济和文化合作、人权和自决、附属地人民问题以及推动世界和平与合作的宣言等多项内容的《亚非会议最后公报》。其中，《关于促进世界和平与合作的宣言》中明确提出了处理国际关系的十项原则。这十项原则充分体现了亚非各国人民为反帝反殖、争取民族独立和解放、维护世界和平而携手合作、团结斗争的崇高思想和愿望，也因此被称之为"万隆精神"。会议期间，中国代表团和埃及、埃塞俄比亚、苏丹、黄金海岸（今加纳）、利比里亚、利比亚等国代表团进行了深入的交流，促进了中非双方的相互了解，增进了友谊。1956年5月，埃及作为第一个非洲国家率先宣布正式承认中华人民共和国，并与中国建立外交关系。中埃建交揭开了当代中非关系史新的篇章。1960年9月，几内亚总统塞古·杜尔应中国国家主席刘少奇邀请访问中国，率几内亚政府代表团对中国进行友好访问。塞古·杜尔总统是当代第一位访问中国的非洲国家领导人。

自万隆会议后至1963年，是非洲民族解放运动最为高涨的时期，在此期间先后有29个非洲国家获得独立。中国政府和人民对非洲各国人民争取和维护民族独立的斗争给予了深深的同情和热情的支持，对获得独立的29个非洲国家表示热烈祝贺并在第一时间率先给予外交承认。1958年4月，周恩来总理致电加纳总理恩克鲁玛并转非洲独立国家会议，热烈祝贺非洲独立国家会议在反对殖民主义和种族歧视、争取非洲国家民族独立以及增进非洲各国人民友好合作和维护世界和平等方面所取得的成功。1960年4月12日，由中国17个全国性人民团体联合发起，在北京成立了中国非洲人民友好协会。协会的宗旨是增进中国人民同非洲各国人民之间的了解和友谊，推动中非交流与合作，维护世界和平、促进共同发展。如在1960年7月3日，中国人民在北京举行了盛大集会，向获得独立的非洲国家和人民表示热烈祝贺。中国亚非团结委员会主席廖承志在这次群众集会上指出："中国过去、现在、将来始终是非洲人民最可靠的朋友。为了反对共同的敌人，让我们团结在一起，并肩前进。"[①]

20世纪60年代，中国共与12个非洲国家签订了援助协定。到70年代则迅速扩大到43个国家，占当时非洲独立国家总数的90%以上。在援建非洲"自由之路"——坦赞铁路的过程中，共有60多名中国专家献出了自己宝贵的生命，长眠在了非洲的大地上。从非洲国家独立至今，救死扶伤的白衣天使——中国援非医疗队就如同"赤脚医生"般在远离大城市的偏远乡村为非洲人民问疾送医，还有活跃在田间地头、为非洲人民的

[①] 《中国与非洲关系大事记（1960—1969）》，2006年10月30日，http://news.sina.com.cn/c/2006-10-30/150711371306.shtml。

粮食安全殚精竭虑的中国农业专家,以及近十多年来在非洲农村小学的课堂里教孩子们课程的中国年轻志愿者们,等等,这些新时代最可爱的友谊使者构成了中非人文交流和"民心相通"的独特风景线。

3.21 世纪以来的中非民间交往和人文交流

自 2000 年中非合作论坛成立以来,随着中非关系快速向广度和深度扩展,中非关系中的国际因素(特别是西方因素)开始凸显。那些感到中国人动了他们在非洲的"奶酪"的西方政客、媒体和非政府组织纷纷把聚光灯对准中国政府、中国企业乃至中国个体户在非洲的一言一行和一举一动,用放大镜和显微镜来观察中国人在非洲可能出现的任何"失误"、可能产生的任何瑕疵、抑或非洲人在中国有可能遭遇到的任何"歧视"或"不公正"待遇。事实上,随着中非关系,特别是民间交往的日益扩大,出现一些摩擦、误解或者问题的概率本来就会自然上升。因此,为加强中非人民之间的沟通和了解,有力和有效地回击西方散布的所谓"中国新殖民主义论""中国掠夺非洲资源论"以及近年来出现的"债务陷阱"等,就必须巩固中非共同发展的民意基础,必须要高度重视和搞好中非民间交流和合作。

令人欣慰的是,近十多年来,在中国民间组织国际交流促进会（简称中促会）的组织和牵头下，机制化的中非民间论坛已经成立并开始了有效运作。2011年8月，在中促会和肯尼亚非政府组织协调委员会的倡议下，首届中非民间论坛在肯尼亚首都内罗毕举行。与会的中非民间人士在中非人民之间的对话与合作、气候变化与粮食安全、非政府组织的公信力与透明度、非政府组织与政府、企业及社区的关系、保护传统文化与促进教育发展、妇女青年在发展中的作用、中非抗击艾滋病的经验8个领域，进行了认真的探讨和交流，并发布了《中非民间论坛内罗毕宣言》（以下简称《宣言》）。《宣言》提出了"增进民间友好、促进务实合作、推进世界和平"的中非民间交往三原则。2012年7月10日至11日，在中非合作论坛第五届部长级会议召开的前一周，来自中国和非洲国家的民间组织、学术界、企业界和媒体界约300位代表齐聚美丽的江苏苏州市，在此举行了第二届中非民间论坛。与会代表围绕"民意沟通，民间友好，民生合作"的论坛主题，为加强中非民间友好关系建言献策。论坛最后通过了《致中非合作论坛第五届部长级会议建议书》，并决定启动"中非民间友好伙伴计划"，规划了中非民间组织未来三年内在非洲合作开展的八项民生活动。

（二）中非人文交流的主要机制、现状和取得的成果

中非合作论坛成立以来，中非人文交流不仅在战略层面得以推进，而且在广度和深度上也不断得以拓展。如在2018年的中非合作论坛北京峰会上，在推进中非"十大合作计划"基础上，中国进一步提出了包括人文交流在内的"八大行动"并通过了《中非合作论坛——北京行动计划（2019—2021年）》，从政策层面上再次表明中国持续推进中非人文交流的决心。伴随着"一带一路"建设在非洲的全面展开，中非人文交流更是呈现出新景象。中非间的高层互访频繁，思想对话和产业合作不断增多，双方进一步增进了解和互信。在中非合作论坛机制与"一带一路"倡议的双重平台下，中非双方人文交流的范围更为广泛，内容更加丰富，合作程度也进一步加深。

近年来，随着中非全面战略合作伙伴关系的不断发展，中非双方日益重视打造包括高校合作、智库合作在内的人文交流新增长极，同时积极开展中非治国理政和发展经验的研讨和交流，共同探索互利合作新模式。从"十大合作计划"到"八大行动"，展现了中非全面加强各领域务实合作的坚定决心，中非人文

交流日益紧密,中非文明互鉴更加丰富多彩。同时,随着中国非洲研究院的成立以及几十项中非联合研究交流计划的有序推出,中非智库合作、中国高校对非学术交流等都得到进一步深化。丝绸之路国际剧院、博物馆、艺术节等文化团体联盟也吸引了越来越多的非洲国家积极参与。此外,随着越来越多的孔子学院、孔子课堂在非洲落地,以及越来越多的中国公民组团到非洲国家旅游,中非在教育、科技、人力资源培训等领域的合作正呈现一种蓬勃发展的喜人状态。

1. 中非教育合作和对非人力资源培训

虽然非洲目前的高等教育相对落后,但发展历史悠久。全球最古老的大学中非洲就占了三所,分别为公元859年创立于今摩洛哥非斯的卡拉韦因经学院、公元975年创立的位于今埃及开罗的艾资哈尔大学和1327年创立的位于今马里廷巴克图的桑科雷大学。

中非教育合作的机制化平台近年来不断走向成熟。2015年召开的中非合作论坛发布了《中非合作论坛——约翰内斯堡行动计划(2016—2018年)》,将社会发展合作、人文合作作为中非合作的重要内容。"中非高校20+20合作计划"、中非大学校长论坛、中非智库论坛、"中非智库10+10合作伙伴计划"等。2009年召开的中非合作论坛第四届部长级会议通过的

《中非合作论坛沙姆沙伊赫宣言》专门提出要扩大交流、深化中非在人文领域的合作，加强教育、文化、科技、卫生等多领域的交流。

（1）孔子学院成为中国对非文化交流与合作的重要平台

早在中华人民共和国成立后，中国政府就开始派遣援非汉语教师。近年来，随着孔子学院的成立和发展，以面向全球开展汉语教学、促进文化交流为己任，坚持中外双方平等合作、互利共赢的办学理念，成为中外双方共建、共管、共有、共享的全球性教育共同体，有力地助推了中华优秀传统文化的国际传播，对促进中非友好合作和深化中非友谊发挥了重要作用。非洲第一所孔子学院是于2005年12月19日在肯尼亚内罗毕大学成立的。16年来，随着非洲民众学习汉语热情的不断高涨，孔子学院也在非洲各国如雨后春笋般出现。2020年10月15日王毅外长在《人民日报》撰文谈中非合作论坛成立20周年时总结性指出，20年来，"中非人文交流空前活跃。中非青年大联欢、智库论坛、联合研究交流计划、减贫发展高端对话会、中非新闻交流中心等活动成功举行，中国非洲研究院正式成立，各领域交流互鉴丰富多彩。中国累计向非洲国家提供了约12万个政府奖学金名额，在非洲46国合建61所孔子学院和44家孔子课堂，向非洲48国派遣医疗队队员 2.1 万人次，诊治非洲患者约 2.2 亿人次，双方建立 150 对友好城市关系。中非友谊的民意基础更加巩固"。①

在"一带一路"倡议框架下，中非进行了多项教育互联互通合作。2016 年 7 月，中国教育部制定了《推进共建"一带一路"教育行动》，致力于培养"一带一路"建设人才，促进中国与"一带一路"沿线国家的深度合作与互学互鉴。中国各级政府、高校与企业纷纷与非洲国家签订国际人才联合培养战略合作协议项目，例如，中国路桥工程有限责任公司与北京交通大学共同推进的肯尼亚高铁人才培养项目，为肯尼亚进行交通运输基础设施建设输送人才，对肯尼亚的工业化发展与中国"一带一路"建设和中国高铁"走出去"具有重要意义。

中非双方互派留学生、中方派遣援非教师和专家、开展语言学习交换项目等工作，为相关非洲国家培养了大批人才。这些曾在中国学习和接受培训的非洲各界人士如今活跃在非洲各国的政界、学界、工商界、外交界和军界，有的已担任所在国的总统、议长、将军、部长、驻外大使等要职，有的还创办公司、积极从事中非经贸交流工作，为推动中非经贸合作和中非

---

① 王毅：《二十载命运与共，新时代再攀高峰——纪念中非合作论坛成立 20 周年》，《人民日报》2020 年 10 月 15 日第 6 版。

友谊发挥着重要作用,成为促进中非交流合作、发展中非友好关系的重要力量。

目前,在中非合作论坛的框架下,中非教育交流合作在形式上和内容上均不断得到创新与发展。尽管近年来中非教育交流合作领域不断扩大、层次不断提高,但中非双方合作空间依然很大,正如有专家指出,新时期中非教育交流合作在内容上由"减少贫困"向"促进发展"转型,主体上由"政府行动"向"社会行动"转型,方式上由"输血援助"向"造血援助"转型,合作的关键要点需要朝着高质量目标发展。①

(2) 中国对非人力资源培训

2018 年中非合作论坛北京峰会推出的"八大行动"计划中,"能力建设行动"是其中的一大亮点。习近平主席在峰会开幕式讲话中也特别提到,要"在非洲设立 10 个'鲁班工坊',向非洲青年提供职业技能培训"②。2019 年 3 月 28 日,中国在非洲的第一个"鲁班工坊"在非洲之角国家吉布提正式落成。天津铁道职业技术学院、中国土木工程集团有限公司、天津市第一商业学校、吉布提工商学校合作参与了"鲁

---

① 刘星喜:《谱写中非教育交流合作交响曲》,光明网,2018 年 9 月 6 日,https://news.gmw.cn/2018-09/06/content_ 31004662.htm。
② 习近平:《携手共命运同心促发展——在 2018 年中非合作论坛北京峰会开幕式上的主旨讲话》,新华网,2018 年 4 月 7 日,http://www.xinhuanet.com/world/2018-09/03/c_ 1123373881.htm。

班工坊"的建设。学校在物流、商贸、铁路工程等实用技术领域共设置和开设了40个专业性、实用性都较强的专业课程，拥有超过1000平方米的实训园区和1850名在校注册学生。"鲁班工坊"的开设使得非洲本地的年轻人不再需要漂洋过海远赴他乡接受培训，在自己家门口就有机会学到一技之长并找到合适的工作。"鲁班工坊"为国际职教合作探索了新路径，开启了中非高等职业教育领域合作的新篇章。

  不仅中非政府间加强人力资源培训的合作，在非洲投资兴业的中国企业也加入到非洲职业教育的事业之中。如在埃塞俄比亚从事互联网业务的中兴通讯股份有限公司，为了提高其非洲员工的综合业务技能，不仅出资为1000名埃塞俄比亚工程师和主要技术人员提供了培训服务，而且还选拔了100名埃塞俄比亚业务骨干，由公司出资送他们到中国的中兴通讯学院接受更高级的综合技能培训。政府、高校、企业，"三位一体"加强合作，资源互补和优势共享，目的都是为"一带一路"建设在非洲的开花结果以及为非洲本土人才的成长贡献力量。另外，中国商务部还常年面向各种不同专业、不同行业背景的人群，承办不同时间周期的人力资源培训班。短期一般为2—3周，中期为1—2个月，长期为3个月到半年不等的各类不同专业领域培训班。

20世纪90年代中期以来，中国一直通过扩大技术培训规模和为来自发展中国家的官员举办培训项目等方式，对非洲相关人员进行培训。2006年，中国政府首次发表对非洲政策文件，指出要充分发挥中国政府设立的"非洲人力资源开发基金"在培训非洲人才方面的作用。2008年中国教育部和商务部联合制定了发展中国家硕士教育计划。该计划旨在培养高级别的人力资源，以满足这些国家对人力资源培训的各种需求。① 2008—2011年，来自非洲40个国家的252名学员加入了这个计划。② 2010—2012年，中国为非洲54个国家和地区的官员和技术人员开办了培训班，共培训了27318名学员，包括公共管理、能源、卫生、社会保障和制造业。在中非合作论坛第五届部长级会议上，中国政府公布了《非洲人才计划》，为非洲各领域培养了3万名专业人才。

2. 中非医疗卫生合作

(1) 发扬光大传统援非医疗队的品牌作用，创立中非部长级卫生合作发展会议新机制

中非医疗卫生合作历史悠久，自1963年中国向非

---

① 罗建波：《中非关系与中国的世界责任》，《世界经济与政治》2013年第9期。
② 刘青海、刘鸿武：《中非技术合作的回顾与反思》，《浙江师范大学学报》2011年第1期。

洲派遣第一支援非医疗队以来已有58年的光荣历史。迄今已形成了包括派遣援外医疗队，援建医院和疟疾防治中心，赠送药品和医疗器械，双边卫生人员交流，人员培训等多层次、宽领域的工作模式。其中，援非医疗队不仅是中非医疗卫生合作的重要抓手和主体部分，也是中国对非医疗援助中开始最早、持续时间最长、派遣人数最多、效果最好、影响最大的援助项目，已成为中国与发展中国家友好合作的标杆和典范。

2013年8月，中非卫生合作的机制化平台——中非部长级卫生合作发展会议建立，迄今已成功举行了两届。除了这一政府间最主要和最高级别的卫生对话平台以外，近年来中非医疗卫生领域内的其他对话行动也陆续展开。如2017年4月，在中方倡议下，中非部长级医药卫生合作会议在南非比勒陀利亚召开，会议主题是"中非卫生合作，从承诺到行动"。会议举办的宗旨就是为了汇聚各方力量，进一步落实好2015年中非合作论坛约翰内斯堡峰会提出的"公共卫生合作"计划，挖掘合作新潜力、打造合作新亮点。会议期间，中国与马拉维签署了妇幼健康项目合作协议，与刚果（布）、加纳、毛里塔尼亚、赞比亚、尼日尔、乍得签署了对口医院合作协议，与塞拉利昂等国签署了开展"光明行"免费白内障手术合作协议。

上述机制平台的建立能够发挥两方面的重要作用：

其一是推动中非卫生合作向机制化前进。以往，中国与非洲国家之间还没有卫生领域的多边定期会晤机制。面向全非洲的一些医疗卫生合作政策，大多是利用中国领导人不定期出访非洲，或是在会晤来访的非洲国家领导人时提出来的，一定程度上具有某种随机性或随意性。中非部长级卫生合作发展会议等平台的建立可以使中非医疗卫生合作进入机制化轨道；其二是促进了中非多边医疗外交的发展，形成了双边和多边磋商机制相互促进的有利格局。在发展中非卫生合作的同时，也借助这些会议平台推动了中国与世界卫生组织、联合国人口基金、联合国艾滋病规划署、世界银行、联合国儿童基金会、全球疫苗免疫联盟、全球抗击艾滋病、结核病和疟疾基金等国际组织，以及与非盟及非洲次区域组织之间的合作。有助于中非双方借助部长级卫生会议平台，通过集体协商，发挥中非双方的智慧，共同应对卫生领域的挑战。

（2）开展了"光明行""抗击埃博拉"等品牌项目建设和行动

2012年7月，在中非合作论坛第五届部长级会议上，中国政府宣布开展援非"光明行"行动，即选派国内眼科专家赴非洲开展免费的白内障病人手术复明项目。事实上，在2012年正式宣布该项目之前，"光明行"行动已提前2年就在非洲大陆启动，迄今已在津巴布韦、莫桑比克、马拉维、赞比亚、塞拉利昂、埃塞俄比亚、苏丹、科摩罗、吉布提、博茨瓦纳、厄立特里亚、加纳、刚果（布）、摩洛哥、布隆迪、喀麦隆、毛里塔尼亚、多哥、纳米比亚、塞内加尔、马达加斯加等多个国家得以实施。该项行动直接惠及普通百姓，使上万名非洲白内障患者重见光明，受到非洲群众的热烈欢迎，成为名副其实的"民心工程"与品牌项目，对于做好新形势下的中国卫生援外工作，创新对外援助派遣模式具有重要意义。

2014—2015年西部非洲三国暴发了埃博拉疫情。中国政府积极响应联合国和世界卫生组织的呼吁，充分调动多方资源，向西非埃博拉疫区伸出援手。中国在这场危机中的反应和行动不仅与西方国家形成了鲜明对比，而且将中国援非医疗队以及中国负责任大国的国家形象推向了极致。埃博拉疫情暴发时，美国、埃及、日本等国医务人员很快先后撤离疫区，而中国援非医疗队却始终坚守一线。中国政府还向西非疫区先后提供了4轮总价值达7.5亿元人民币的紧急援助。同时，中国十分注重帮助疫区加强公共卫生能力建设，为塞拉利昂援建首个生物安全防护三级实验室（P3实验室），并组织派遣了30余批公共卫生、临床医疗和实验室检测专家组，超过1000人次赶赴疫情国，开展大规模公共卫生培训，加强当地的疫情防控能力，累计完成公共卫生培训12471人次。① 中国援助的大量物资和派遣的专业防治队伍，对控制当地疫情的蔓延发挥了重要作用。

在中非医疗卫生合作中，中国医疗队不仅利用现代医疗技术救死扶伤，还将中国传统医药、针灸、按摩以及中西医结合的诊疗方法用于一系列疑难杂症的治疗中，创造了诸多"医学奇迹"，在治病的同时也推动了中华优秀传统文化的国际传播，推动了中非民间文化交流。正如很多接受过中医治疗的非洲患者所言："中国医疗队不仅让我们了解了中医，也让我们认识了中国人和中国文化。"众所周知，非洲国家受欧洲文化影响颇深，中国传统医学能够与西方医学并立于非洲医疗体系之中，可以说与中国医疗队几十年来的推广、使用密切相关。由于中国援非医疗队在传播中华文化方面的杰出贡献，2014年荣获由文化部等多家机构共同颁发的第三届"中华之光——传播中华文化年度人物"集体奖。

（3）共克时艰、帮助非洲国家抗击新冠肺炎疫情

在2020年抗击新冠肺炎疫情的过程中，中国迅速驰援非洲抗疫，援助抗疫物资及派遣医护专家组，帮

---

① 《卫生计生委副主任金小桃出席非洲抗击埃博拉国际大会》，卫生计生委网站，2015年7月23日，http://www.sohu.com/a/23953136_120967。

助培训和分享疫情防控防治措施与经验。截至 2020 年 5 月底，中国已向 50 多个非洲国家和非盟交付了大量医疗援助物资，向 11 个非洲国家派出了 148 人次的医疗专家组，并多次同非洲国家举行专家视频会议，同非方分享抗疫经验。有 40 多支中国援非医疗队对非洲国家开展各类培训活动近 400 场、培训当地各类人员 2 万多人次。[①] 与此同时，在非的中国企业和民间组织通过援建和运营医院及诊所，积极参与对非抗疫援助。如中国企业家马云领导的"马云公益基金会"和"阿里巴巴公益基金会"先后三次向几乎所有非洲国家提供了大量抗疫物资，为非洲抗击疫情做出了杰出贡献，充分展现了中国企业及民间组织的全球视野和人道主义关怀。

在国际及多边层面，中国呼吁国际社会重视对非洲的援助并率先行动。中国国家主席习近平在 2020 年 5 月 18 日召开的第 73 届世界卫生大会视频会议上，宣布了中国将在两年内提供 20 亿美元国际援助、在华设立全球人道主义应急仓库和枢纽、建立 30 个中非对口医院合作机制、实现新冠疫苗在发展中国家的可及性和可担负性、落实"暂缓最贫困国家债务偿付协议"五项举措。五项举措均与非洲抗疫息息相关，其中的

[①]《中非团结抗疫，万里支援》，央视网，2020 年 6 月 17 日，http://world.gmw.cn/2020-06/17/content_ 33920478.htm。

第三条更是专门为非洲量身定做,加快建设非洲疾控中心总部,助力非洲提升疾病防控能力。中国以实际行动充分体现出中国对非洲国家抗击新冠肺炎疫情的全力支持以及中国的大国责任担当,并向国际社会彰显了打造人类卫生健康共同体和中非命运共同体的理念与追求。

另外,在非洲抗疫的关键时期,中国、南非(非盟轮值主席国)和塞内加尔(新一届中非合作论坛主办国)还于2020年6月17日联合倡议发起了中非团结抗疫特别峰会。这次峰会不仅有中国和十多个非洲国家的领导人及非盟委员会主席参加,而且联合国秘书长古特雷斯、世界卫生组织总干事谭德塞也作为多边国际组织的特邀嘉宾参加了峰会。此次峰会向世界传递了中非团结抗疫和践行多边主义的信念。中国国家主席习近平在讲话中明确了现阶段中国对非合作的"四个坚定不移":坚定不移携手抗击疫情;坚定不移推进中非合作;坚定不移践行多边主义;坚定不移推进中非友好。目的是增强非洲应对风险挑战的能力和促进经济社会的发展。峰会发表的联合声明则重申要坚定支持多边主义,反对单边主义,维护以联合国为核心的国际体系,捍卫国际公平正义。联合声明还特别关注疫情对非洲经济的冲击,敦促西方尽快解除对津巴布韦和苏丹的经济制裁,支持非洲大陆的经济一体化和自贸区建设。

纵观新冠肺炎疫情暴发后的世界大国对非合作，中国不仅在援助和支持非洲抗疫方面发挥着领跑作用，而且也是唯一一个与非洲国家联合倡议发起召开团结抗疫特别峰会的国家。

3. 中非旅游合作

非洲的旅游业蓬勃发展，为非洲经济注入新动能。2000年10月，中非合作论坛的创立奠定了中非旅游合作的基本框架。[①] 参与论坛讨论的中非嘉宾一致认同中非开展旅游合作可以通过推进非洲旅游业上下游的发展，来创造就业和助推非洲经济的发展。论坛创立两年后，埃及作为非洲首个出境旅游目的地国家，很快吸引了众多中国公民组团出境游。如今在非洲各国很多的著名旅游景区，中国游客的出现已经是常态。[②] 2003年，中非合作论坛在埃塞俄比亚召开并推出《亚的斯亚贝巴行动计划》。该计划提出，中非将继续深化旅游合作，中国新增非洲8国为中国游客出境旅游目的地。2006年在北京召开的中非合作论坛北京峰会，更是推出了大力度的《中非合作论坛——北京行动计

[①] 安宁、梁邦兴：《"走出去"的地理学——从人文地理学视角看中非合作研究》，《地理科学进展》2018年第37期。

[②] 骆高原、陆林：《中非旅游合作的现状和未来》，《地理科学》2009年第2期。

划（2007—2009年）》，其中推动中非旅游合作的力度也非常强劲。中国在非洲的出境旅游目的地国家提升为26国。2012年推出了《中非合作论坛——北京行动计划（2013—2015年）》，中非将继续加强旅游合作，合作涉及的领域也更加广泛，包括信息共享、投资、培训和安全等领域的合作。①

近年来，旅游业在非洲发展势头强劲，成为很多非洲国家经济发展的新动力，非洲也逐渐成为外国游客增长最快的地区之一。据世界旅游组织统计，非洲与旅游业相关的就业人口已经超过2100万。持续发展的旅游业对拉动非洲经济增长、加快摆脱贫困意义重大。

20世纪90年代中后期以来，中国出境旅游规模迅速扩大，中国出境游客以往偏爱欧美及周边国家，因此对欧美、东南亚等传统目的地的新鲜感已逐渐消退，开始越来越青睐和向往旅游资源尚未充分开发的非洲大陆。非洲旅游资源丰富，既有厚重的历史人文遗迹，也有壮阔的自然风光和令人震撼的大规模动物迁徙景观，这些极具异域风情和非洲特色的旅游资源契合了中国民众不断增长的境外旅游需求。同时这也是非洲

---

① 张文迪：《习近平访问非洲将更大促进中非务实合作》，央视网，2013年3月21日，http://news.cntv.cn/2013/03/21/ARTI1363846121278752.shtml。

已经成为中国出境游客增长最快的目的地之一的重要原因。由于路程遥远、对非洲情况不太了解以及旅游资费比较昂贵等原因，目前在中国出境旅游市场中非洲所占的比重还相对较低。在深化全方位、多领域经贸合作的大背景下，中非旅游合作还有巨大的潜力可以挖掘。

可喜的是，近年来，中国赴非洲游客逐年增长、旅游规模不断扩大、在非消费也不断提升。世界旅游组织提供的数据显示，2008—2016 年，赴非中国游客数量占出国游总人数的比例从 3% 上升至 10%，2017 年中非双边游客互访达到 142.6 万人次。[①] 2019 年，旅游业为非洲经济贡献了近 1700 亿美元，也为非洲国家提供了宝贵的外汇收入以及数以百万计的就业机会。新冠肺炎疫情暴发后，非洲国家的旅游业遭受了巨大冲击。

中国赴非游客量的增长还与非洲国家近几年不断放宽对华签证政策有关。2018 年，卢旺达、安哥拉、津巴布韦 3 个国家对华开放落地签。中国领事服务网的信息显示，目前共有 20 个非洲国家和地区对中国游客实施免签或落地签政策。据摩洛哥国家旅游局中国

[①] 《携程旅游报告：2018 年非洲将成为接待中国游客人数增长最多的大洲之一》，新京报网，2018 年 8 月 30 日，www.bjnews.com.cn/travel/2018/08/30/502259.html。

代表处统计，自 2016 年 6 月北非摩洛哥对中国公民实施免签政策后，中国赴摩旅游人数迅速攀升，2017 年中国赴摩游客数量达 12 万人次。

此外，日益丰富的航线也为往来中非提供了必要的基础支持。自中国民用航空局开始实施非洲发展战略以来，国内不少城市开通非洲直飞和航线增加，更加便利了游客赴非旅行。目前，在携程等旅行类 APP 上可以预订到从中国出发前往非洲超过 400 个机场的航班。其中，北京/上海/成都—亚的斯亚贝巴、广州—内罗毕、北京—约翰内斯堡等均为连接非洲航空枢纽的直飞航线。[①] 事实上，旅游已经成为中非构建命运共同体的重要领域，在推进中非人文交流和民心相通的进程中独具优势。

4. 中非科技合作

科技合作作为中非人文交流的一部分近年来发展迅速。中国与非洲国家科技交流合作基础良好。早在 20 世纪 70 年代，中国与不少非洲国家已建立起官方科技合作关系。2009 年"中非科技伙伴计划"的启动则开辟了中非建立新型科技伙伴关系的崭新局面。非盟

---

① 《中非旅游合作升级正当时》，中国经济网，2019 年 6 月 27 日，https：//baijiahao. baidu. com/s？id = 1637452652503041602&wfr = spider&for = pc。

《2024科技创新战略》强调积极寻求其他国家的支持与指导、合作与交流。中非双方的科技合作日益紧密，签署了多个双边科技合作协定，政府间科技合作联委会机制也在许多国家建立，科技合作包括农业、生物、医药卫生、信息通信等多个领域，合作形式多元化。近年来，在"一带一路"倡议指引下，中非科技合作研究愈发蓬勃发展，中非科技合作与交流新机制正不断建立。[①] 在新冠肺炎疫情冲击下，中非如何进一步推进"一带一路"建设，加快落实中非合作论坛北京峰会举措，在科技医疗卫生等领域的合作是摆在中非面前的新重点。

中国科学院中—非联合研究中心（以下简称"中—非中心"）是中国科学院2013年5月批准成立的境外科教机构。中—非联合研究中心是中非共建的首个综合性科研和教育基础设施综合性国际平台，位于肯尼亚乔莫·肯雅塔农业技术大学校园内，是中国与肯尼亚乃至整个非洲大陆在多个科学领域开展科技合作和人才培养的重要平台，由乔莫·肯雅塔农业技术大学负责管理，中国科学院提供技术支持。[②] 截至2018年

[①] 刘星喜：《从危机中寻找契机中非科技合作新重点》，《光明日报》2020年7月9日第14版。

[②] 丁蕾、杨臻：《中科院与肯尼亚签署备忘录深化科研合作》，新华网，2018年12月13日，http://www.cas.cn/cm/201812/t20181214_4673832.shtml。

12月,中—非中心已与肯尼亚、坦桑尼亚、埃塞俄比亚、卢旺达、毛里塔尼亚和马达加斯加等国的20家科教机构展开了合作,并为非洲各国培养了122名研究生。

目前,中—非中心根据非洲资源的分布和地域特点,以肯尼亚、坦桑尼亚、埃塞俄比亚等技术需求强烈并与中国有着长期友好关系的国家为合作基点,有重点、分层次地建设了包括非洲生物多样性保护与利用分中心、非洲生态与环境研究分中心、非洲资源遥感联合研究分中心、非洲微生物及流行病控制研究分中心以及现代农业研究与示范分中心在内的5个分中心,60多位中国科学家通过这些平台在非洲开展科学研究,着力解决非洲国家经济社会发展所面临的粮食短缺、环境污染和传染病流行等重大现实问题,大大提升了非洲国家在相关领域的科技水平和人才培养能力。[①]

5. 中非艺术交流和媒体交流合作

艺术交流方面,中国已经在5个非洲国家设立了中国文化中心。依托于此举办了多项特色鲜明的活动,以展览、产品发布、研讨、讲座等多种形式拓展了中

[①] 王云松:《科技援助,中非合作新气象》,人民网,2018年5月31日,http://world.people.com.cn/n1/2018/0531/c1002-30024305.html。

非文化产业合作的渠道。2018年11月，中非文化艺术交流协会在博茨瓦纳首都哈博罗内成立，进一步推动中非文化艺术交流。自2016年起，中非艺术节已经举办了三届，通过舞蹈、杂技、歌曲等多种艺术形式向中国和非洲国家民众介绍了各国丰富多彩的文化，以文化艺术盛宴的形式促进中非间人文交流。此外，中国各省市的多个艺术团赴非洲进行巡演，开展文化交流演出。"欢乐春节"活动作为中国艺术团走进非洲的高规格年度节庆活动，受到非洲国家人民的欢迎。"中非文化聚焦"活动致力于推动中非双方相互了解各国文化，多次邀请非洲艺术团来华演出和派遣国内艺术团赴非洲演出。

媒体交流方面，中方承诺将继续实施"中非新闻交流中心"项目，开设相关研修班，推动双方新闻媒体人员交流互访，支持双方新闻机构互派记者。中非媒体交流合作日益密切，不断推动中非人文交流和民心相通。截至2018年，已相继举行了四届中非媒体合作论坛，双方不断加强政策对话，加强新闻报道，提高内容创作，促进媒体间交流合作与人力资源建设，并在重大地区问题和国际问题上相互借力、共同发声，提升了中非双方的凝聚力，也加强了双方在国际上的话语权。

另外，值得一提的是，为了落实中非合作论坛约翰内斯堡峰会成果，2017年中国—南非高级别人文交流机制启动。这是中国同非洲国家建立的首个高级别人文交流机制，属于八大"中外高级别人文交流机制"之一，具有里程碑意义。该机制涵盖了中南在教育、文化、科技、卫生、青年、妇女、媒体、智库、旅游、体育、民间友好等诸多领域的合作，对于夯实中南友好的社会民意基础、深化中南全面战略伙伴关系、拓展中南人文交流合作具有重要意义。[①] 中国—南非高级别人文交流机制可作为中国在非洲创新高级别人文交流机制的试验点和排头兵，为未来建立中非高级别人文交流机制提供经验，通过充分发挥元首外交和首脑外交的引领作用，推动非洲区域的人文交流，进一步发挥该机制在中非人文交流中的辐射和带动作用，进而推动中非在经贸等其他众多领域的合作。

还需要特别记录一笔的是2019年4月中国非洲研究院的成立，这是中非智库合作的又一崭新平台和新的里程碑，体现出中国学界顺应中非关系的快速发展趋势、积极推动中非相融相通的切实行动。习近平主席还专门发来贺信，对中国非洲研究院成立表示热烈祝贺。习近平主席在致中国非洲研究院成立的贺信中指出，在2018年召开的中非合作论坛北京峰会上，中非双方一致决定

[①]《外交部就中国—南非高级别人文交流机制具体情况等答问》，外交部网站，2017年4月14日，www.gov.cn/xinwen/2017-04/14/content_ 5185870.htm。

构建更加紧密的中非命运共同体，实施中非合作"八大行动"。设立中国非洲研究院是促进人文交流行动的重要举措。希望中国非洲研究院汇聚中非学术智库资源，增进中非人民相互了解和友谊，为中非和中非同其他各方的合作集思广益、建言献策，为促进中非关系发展、构建人类命运共同体贡献力量。目前，中非研究院已启动了20多个中非学者联合研究项目，将对中非关系中的一些重大问题发出中非学者联合研究的最强音。

（三）中非人文交流面临的主要问题与挑战

中国与非洲国家人文交流经过多年的传承和发展取得了瞩目的成就，合作亮点纷呈，但也存在着民间交往潜力释放不足、单向式的输出成分较多而中非双方互动性不足以及认知差异等方面的问题与挑战。新时期，在中国积极推动"一带一路"倡议和非洲一体化进程中，探索构建中国与非洲国家间人文交流新模式已势在必行。

1. 中非人文交流由官方筹措较多，民间潜力释放不足，参与主体需进一步丰富

从近年来中非人文交流的情况可以看到，包括平台建设在内的多数活动均由政府主导，民间参与的潜

力和作用释放不足。开展人文交流还需要充分调动民间的积极性和主动性，鼓励民众广泛参与，把人文交流的战略发展规划同民众的需求和关切结合起来，探索既符合国家地区特色又兼顾人民利益的发展道路。

不可否认，政府是直接发展中非人文交流最有力的推动者。作为人文交流的重要主体，政府不仅推动中非全面战略伙伴关系的建立、协定签署，倡导交流项目与博览会、产业、论坛等活动，还制定政策促进文明交往与合作。回顾中国与非洲国家人文交流机制不难发现，现有的交流交往机制多为政府主导，民间交流机制虽有，但范围小、深度浅、层次低。中国与非洲国家人文交流的民间潜力远未得到释放和发展。由政府主导的人文交流在效果层面存在以下问题。

首先，官方组织的活动容易造成距离感，影响力有限。例如，2015年的南非"中国年"由中国文化部、南非艺术与文化部、中国驻南非大使馆主办，活动的主要形式包括传统的演出、艺术展览、研讨会、专题对话、艺术节等。活动初期，南非"中国年"由深圳交响乐团在南非国家大剧院的演奏拉开序幕；活动中期，有天津京剧院巡演和天津非物质文化遗产巡展、浙江文化节等大型活动；活动后期，通过在南非举办大型文艺演出为"中国年"拉上帷幕。这些内容与大众流行文化相距较远，且刻意设计的形式感较强，普通民众容易对此产生距离感。而且，其中很多参与者是已经活跃在两国交流前线的人士，例如中国友好人士、华侨和中国留学生等，而参与这些活动的普通民众数量比较少。北京大学教授李安山在谈到中非民间交往的不足时也指出，"这种形式由官方运作，往往缺乏扎实的群众基础。文化活动局限于官方层次，很难将普通民众包含进来。如果政府管理不善，那么这些活动结果就有可能是消极的，反而会造成双方人员之间的距离感"。[1]

其次，政府主导的人文交流容易让非洲国家产生一定的戒备心理，中国政府的一些举措有时会造成负面效果。由于受到西方长时间的殖民统治，西方文化和文明即便是在殖民结束后也对非洲存在重大影响，持续地影响着非洲理解自身、世界以及自身和外部世界的关系。这种影响远比中国文化或文明的影响大，所以非洲在同中国接触时，难免会以西方的视角来看待中非交往中出现的摩擦和问题。特别是针对中国政府举办的活动，一旦交流过程中出现问题，更容易出现抵触情绪。例如，孔子学院本是各国学习汉语言文化的场所，但因为带有政治色彩，被西方一些媒体别有用心地指责为"纯粹的宣传工具"和"文化霸权的

---

[1] 李安山：《中非合作的基础：民间交往的历史、成就与特点》，《西亚非洲》2015年第3期。

输出"。从2018年以来，多所美国的大学宣布关闭孔子学院。面对各种国际环境及发展条件变化，加上非洲又受到西方价值观影响，孔子学院在推动中非人文交流过程中也面临着考验。

最后，由政府主导的人文交流活动较少考虑市场因素，对投入成本和收益缺乏综合考量。人文交流有其自身的发展规律，在政府搭好台后，应在随后的人文交流过程中遵循市场规律。中国在非洲建立了多个文化馆、博物馆等大型文化设施，但在建成后利用率不高。以旅游活动为例，虽然非洲逐渐放宽对中国的签证政策，中国赴非洲游客数量也在逐年增加，但与其他中国游客选择的远程旅游目的地相比还有不少差距。2018年中国出境旅游近1.5亿人次，但选择去往欧美的中国游客人数远超非洲。与欧美等国家完善的基础设施相比，非洲旅游业所配套的基础设施建设仍制约着其释放全部旅游的潜力。除了少数非洲国家，大部分非洲国家的航线密度低、食宿商贸配套设施也相对滞后，这些都是制约中国游客赴非旅游的原因。另外，中国游客所选择的非洲目的地也相对集中，主要是埃及、南非、毛里求斯、肯尼亚、摩洛哥等国，其他众多的非洲国家的旅游潜力仍待发掘。2016年摩洛哥对中国公民给予免签待遇，2017年和2018年分别吸引了12万人次和18万人次中国游客赴摩洛哥旅游。

反观并未对中国实行免签的埃及，虽然旅游资源最为丰富，但 2018 年赴埃旅游的中国游客却有约 30 万人次。这显示出，中国游客是否选择非洲作为旅行地主要还取决于非洲国家本身的竞争力和吸引力。

总的来说，纵观中非的人文交流活动，大多是由政府组织或官方筹措，民间投入明显不足。中非合作论坛及其与人文交流相关的分论坛机制，例如"中非联合研究交流计划""中非高校 20 + 20 合作计划"、中非人力资源培训等，都得益于中央政府和各省市级政府的全力支持，孔子学院和孔子课堂也离不开政府的大力支持。除此以外，民间组织如中国非洲人民友好协会（简称"中非友协"）、中国民间组织国际交流促进会、中国国际扶贫中心、中国扶贫基金会、中国青年志愿者协会等表现较为突出，但这些机构普遍带有半官方性质。[1] 例如，中非友协从 1979 年到 2011 年，共邀请了 52 个非洲国家的 100 多个代表团来华，其中包括众多非洲政要，其特点是沟通中非间的上层交往，发扬"以官促民"形式的中非友好交往。[2] 除了这些半官方性质的组织，纯民间性质的机构或企业

---

[1] 刘天南、蔡景峰：《中非人文交流：机制、局限与对策》，《中国非洲研究评论·北京论坛专辑（2017）总第七辑》，北京大学非洲研究中心，2018 年。

[2] 冯佐库：《中非友协对非民间外交工作的回顾》，《公共外交季刊》2012 年秋季号总第 11 期。

协会仍然较少，普通民众参与中非交往不足。在今后的中非交往中，更需要发展官民并举模式，鼓励纯民间力量在中非人文交流中发挥更大作用。

2. 中非人文交流过度聚焦于文化展示，深度有待提高

在中非人文交流的过程中，还存在着在实际操作层面把人文交流仅仅理解为"文化交流"，热衷于高频率组织热闹的文艺演出和文物巡展等文化展示活动的现象。正如学者庄礼伟在《中国式"人文交流"能否有效实现"民心相通"?》一文中所指出的：首先应该明确的是"人文交流"不等于"文化交流"，前者强调的是"人"，而后者强调的是"文化"，人文交流是包含了文化交流、人民交流和思想交流等在内的综合交流。若脱离了"人与人"之间的交流，只让人们聚在一起交流"文化"，而且还是那些表现形式华丽而热闹的"高端精品文化"，会让人文交流脱离了民间交往的内涵——人民享有、人民主导、为了人民，而任由这种"没有根基、浮于表面、追求形式、热闹于一时的交流"肆意发展，还可能导致出现行政管理层面追求表面作风、"政绩工程"和"面子工程"等不良风气。[①]

---

① 庄礼伟：《中国式"人文交流"能否有效实现"民心相通"?》，《东南亚研究》2017年第6期。

文艺展演是中非的人文交往中重要的一部分，舞蹈、音乐、武术等视觉艺术形式绕开了语言的障碍，在最开始阶段的文化接触中更受欢迎。据报道，2016年以来，中非共开展168项文化交流与合作活动，基本覆盖整个非洲。① 其中，中国"欢乐春节"活动在非洲办得如火如荼，文化部组派了32个艺术团共863人赴非41国的60个城市举办演出116场，仅2018年直接受众即达270万人次。② 2018年开始，"时代新歌"2018深圳艺术团在津巴布韦、肯尼亚举行交流演出；尼日利亚中国文化中心首次开展太极培训，中国驻尼日利亚大使馆推动举办首届"功夫秀"；"中国影视非洲放映计划（法语区）"在塞内加尔启动，其中包括赴塞村庄放映电影的"影视大篷车"项目。③ 然而，我们也必须清醒地认识到，文艺演出式的"文化交流"不管表面上多热闹，也毕竟只是"人文交流"的一部分，而绝不是全部。诚然，这样精彩纷呈的大型活动无疑展示了中国独特文化，但这更多偏向于

---

① 王毅：《中非扩大互学互鉴，人文交流持续升温》，国际在线，2018年9月2日，news.cri.cn/20180902/d862cbdf-d348-4439-240d-e9f8afe445c9.html。
② 任韧、陈晓悦：《以文化交流促中非文明对话和文化互鉴——〈中非合作论坛——约翰内斯堡行动计划（2016—2018年）〉成果之文化篇》，《中国文化报》2018年9月4日第3版。
③ 陈璐：《中非文化交流之花"非"比寻常》，《中国文化报》2018年8月31日第1版。

"展示""宣传"而非"交流",重"文化"而非"人与人"的交流。非洲人民在整个过程中以"看热闹"或感受氛围为主,难以达到深层次的人文交流。

在教育领域,非洲的孔子学院开展的文化教学以教授汉语、书法、剪纸、脸谱、中国功夫为主。整体来说,孔子学院很大程度上还是起着推广中国语言和文化的作用,但具有"交流互动"性质的活动并不多。这样的文化交流方式使中国文化的传播大多停留在表面,难以将代表着中国核心价值观和具有中国文化底蕴的内容传递给非洲人民。以汉语教学为例,虽然汉语本身的学习过程能够让非洲人民了解中国古老的汉字及其背后所代表的古老文化演变,但这是个复杂且长期的过程,并且,中国汉语教材的编排方式是非洲人所不熟悉的。如何从实践层面推进中国语言和文化,避免在教育交往中浮于表面是接下来应重点关注的问题。

在文化产业的交流与合作方面,近些年来有越来越多的中国影视剧,在完成译制后走进非洲受到非洲人民的喜爱,例如《杜拉拉升职记》《琅琊榜》《舌尖上的中国》等。中国影视剧在非洲的热播固然说明中国文化对非洲的吸引力不断增强。但是需要指出的是,相较于影视行业,中国的图书、音像制品等其他文化产品走进非洲的比例相对较小。一方面是因为除了南非在图书出版产业中发展较为成熟,其他非洲国家在图书出版上发展滞后,进而制约了中非在图书文化产业的对接与合作。另一方面是因为影视剧浅显易懂、门槛较低、吸引力强,而像图书这样的文化产品既需要对中国文化有更深刻的了解,又需要有专门的翻译人才对语言文字进行深加工,然而国内高规格翻译人才还处于紧缺状态。

3. 中非人文交流主要为中国单向式的输出,双方互动性不足

从多篇报道来看,中国艺术团、影视剧走进非洲的数量要明显大于非洲走进中国的数量,中国媒体落地非洲的数量要远远高于非洲常驻中国媒体机构。[①] 在文化产业方面,中国的文化产品销往非洲的数量远多于非洲销往中国。但事实上,非洲拥有丰富的文化资源和潜力巨大的文化产业,非洲的文化遗产、自然风光,传统艺术、手工艺、视觉艺术(舞蹈、电影、绘画、戏剧、木雕等),音乐、视听和表演艺术,文学艺术创作所代表的图书出版,旅游业、民俗及其所催生的相关文化服务行业有很大的发展潜力。总的来说,除了埃及、南非、突尼斯、摩洛哥等国的文化产业发

---

① 党云峰:《促进中非经贸人文交流两个轮子一起转——文化部部长蔡武谈深化中非文化交流合作》,《中国文化报》2014 年 5 月 16 日第 1 版和第 2 版。

展较好,其余非洲国家的文化产业仍然比较滞后。在中非进行文化产业合作时,由于中国的文化产业也处于上升期,专门的文化产业管理人才与市场规范化发展都有待进一步提高,再加上存在中非文化产业发展对接不均因素的制约,以及中国对非洲政治安全风险和政策法律税收的顾虑,都造成了中国销往非洲的文化产品多,从非洲引进来的文化产品少。

以中国在非洲建立的首个高级别人文交流机制——中国—南非高级别人文交流机制的重点活动内容为例,它主要包含了中南双方在教育、文化、体育、影视传媒和智库合作五大领域的交流与合作。具体内容十分丰富,例如建设双方高校学历互认体系,设立专项奖学金,支持南非高校建立"中国研究中心",设立针对发展中国家的"千人计划",加大对顶尖南非学者的引进力度,援建南非小学,邀请南非高中生来华,建立南非中国文化中心、中国南非文化中心,举办中国南非青年大联欢、南非文化节,筹建中国国家非洲博物馆和中国国家非洲图书资料中心,成立南中体育文化交流协会,联合举办中国南非影视文化节,打造具有广泛影响的学术交流平台等。[①] 从这些活动内

---

① 刘鸿武:《中南非人文交流亟需突破障碍、统筹推进》,中国政策研究网,2018 年 6 月 1 日,www.zgzcinfo.cn/policyparsing/show-29495.html。

容中不难看出中方更为主动。中国交流的人员和机构数量更多,中国政府出资、筹措的项目数量更大,说明在中非人文交流过程中,中国更加积极主动,非洲的主动性仍待加强。

在中非人文交流过程中出现中方占据主导、双方互动不足的原因,主要有两点。一是因为中方在某种程度上忽略了向非洲学习的重要性。中国的经济社会发展迅速,在短短40多年间取得了令世界瞩目的成就。秉持着中国文化"走出去"的方针,中国十分乐意将经济发展、实现工业化和现代化的经验分享给非洲国家,非洲国家也对中国十分感兴趣,"向东"学习的积极性很高,然而这很容易使中国产生某种优越感而忽视向非洲学习其优点的情况发生。[1] 而大部分中国民众对非洲的影响还停留在贫穷、战乱和疾病上,难以了解到非洲自身优秀的文化和已取得的现代化发展。事实上,非洲有许多值得中国学习的地方,中非之间应该相互学习。非洲人与自然和谐相处的理念,处理边界问题的方式和技巧等都是中国可以向非洲借鉴并学习之处。人文交流是双向性的互动,若忽视了将非洲优秀文化"引进来"这一方面的内容,只会造

---

[1] 刘天南、蔡景峰:《中非人文交流:机制、局限与对策》,《中国非洲研究评论·北京论坛专辑(2017)总第七辑》,北京大学非洲研究中心,2018年。

成中非人文交流跛着脚走路。二是因为非洲传播自身文化的主动性不够。中国在政策层面十分重视在非洲传播中华文化和促进中非人文交流，对此投入了大量资源，非洲在资金和人员上的投入仍然欠缺。非洲在文化产业方面、人才培训方面与中国的交流也受限于中非文化产业以及教育资源的差距。再加上非洲与西方国家在历史、文化、语言和宗教方面拥有更多共通之处，看待中国民众、意识形态都是西方视角，存在片面和偏见。种种原因造成了非洲从中国文化"引进来"得多、"走出去"的文化少。

4. 中非人文交流过程中还需要加强对彼此的认知以及对交流内容的不断拓展

中国与非洲国家的认知差距影响人文交流合作的发展进程。非洲国家民族众多，发展不平衡，而且宗教多元，社会文化多样，政治法律制度方面也与中国完全不同。自冷战结束以来，非洲国家即进入了多党民主制的发展阶段，冷战后出生的非洲新一代年轻人更是对非洲历史上尝试过社会主义道路等毫无认知、对中国特色社会主义道路和中国共产党也由于西方舆论的宣传形成了根深蒂固的误解和误读。一些去过北京、上海和深圳等大城市的非洲人把中国视为比美欧还发达的国家；而一些从未来过中国的非洲人还认为中国人是"食不果腹"的欠发达状态。这种对中国的"非真实认知"也成为双方沟通交流的一大障碍。另外，很多非洲民众的"中国观"除了受到西方媒体和智库报告的影响外，还更多地受到他们国家自身的文化、宗教、价值观等因素的影响。反过来看，中国民众对非洲的认知也存在"蛮荒、贫困、疾病甚至战争"以及"机遇与未来之地、遍地商机和发财机会"等两极的认识。由此可见，文化的多元性决定了中国与非洲国家间不仅存在共性，也存在差异性，这样的差异性在人文交流中多少会带来一些不利影响。因此，如何加强彼此认同感，缩小认知差异是未来需要努力的方向。

在中非人文交流的内容方面，也需要与时俱进地根据形势的发展加以丰富和拓展。由于"人文"的概念包括"文化"却并不止于"文化"，因此需要在单纯的"文化"内容之外不断拓展诸如减贫、经济发展和政府治理等内容，特别是中非智库和非政府组织之间的研讨会以及联合研究项目等。

长期以来，由于中国经济发展的成就最突出并且得到了包括西方国家在内的世界各国的广泛认可和欣赏，因此对中国发展经验的总结和学习借鉴也主要集中在减贫和经济发展领域。2005年5月，在联合国开发计划署和中国政府共同支持下成立了"中国国际扶贫中心"，专门从事减贫的国际培训、交流与研究，开始提出中国方案，贡献中国智慧，更加有效地促进广大发展中国家交流分享减贫经验。

虽然中国的减贫和经济发展成就令世人瞩目并鲜有争议，但国际上对中国政治治理的认识则走过了一个曲折和漫长的过程。有观点认为中国改革开放仅仅是经济层面的改革，政治改革则原封不动或原地踏步的；也有观点认为中国经济改革走得太快，"僵化"的政治体制终将无法适应而行将崩溃等。事实证明中国不仅没有崩溃，并且在发展和团结稳定的道路上步伐越走越坚实，但出于对中国认知的偏狭和"冷战思维"的固化，西方主导的国际舆论始终对中国的政治治理抱有顽固成见和负面认知。

这种认知坚冰的融化始自 21 世纪初期以来全球化的新发展以及全球经历的新震荡。特别是近十年来，当全球经历了 2008 年国际金融危机以及 2011 年"阿拉伯之春"这两个具有全球性影响的重大经济和政治社会发展挑战的洗礼后，中国共产党领导下的中国勇立潮头，不仅没有被源自资本主义中心的华尔街金融危机冲倒，也没有发生如一些西方观察家所预测的"阿拉伯之春"式的社会和政治危机，反而显示出了比美欧等资本主义体系更能够抗压和抗冲击的体制优势。也正因为如此，近年来，关于中国发展经验的总结和借鉴也从以往的经济领域开始扩大聚焦到中国的政治治理领域，西方学者所认知的中国先进发展理念的内涵也突破了原有狭隘的单纯的经济层面，开始包括政治治理、政党建设等政治发展内容。而这一观念的转变为"一带一路"倡议下的中非人文交流提供了很好的时代注脚。

5. 中非人文交流过程中面临越来越严峻的舆情挑战

有观点认为，纵观中华人民共和国成立以来的发展历程，在我们逐一解决了"挨打"和"挨饿"的问题后，当今时代我们需要解决的则是"挨骂"问题。的确，当西方从军事、经济、技术等硬环境方面难以阻挡中国崛起的步伐时，就开始从制造不利于中国发展的国际舆论软环境方面来设置障碍了。近年来中非舆情环境的严峻化不仅会对中非关系的顺利发展构成阻力，而且还会直接导致中国在非洲投资兴业的华人华侨的生存及安全环境恶化。近期，在一场关于"非洲疫情及中非关系"的云端连线研讨会上，已在非洲工作生活了20多年的老华侨、中国—博茨瓦纳友协会长南庚戌先生不无感慨地说，中非舆情环境现在非常严峻，"如今随便在非洲上网搜一下关于中国的消息，100条里就有80条都是负面的"。"在非洲的华人对恶意舆论的担心远远胜过对新冠病毒的担心。"[①] 可见，

---

① 中国—博茨瓦纳友协会长南庚戌先生于2020年5月17日在南京大学举办的"非洲疫情及中非关系"的云端连线研讨会的发言。

对中国不利的舆情环境就像一把软刀子，对中非关系及中国人在非洲的安全都会构成致命的潜在威胁。

冷战后，随着非洲多党民主自由化的发展，非洲媒体也进入了"多元自由"发展的阶段。非洲媒体的多元性以及被反对党、非政府组织等影响和操控的媒体决定了非洲媒体的复杂性。近年来，随着自媒体和社交媒体的迅速发展，非洲舆论场更是风云变幻，一些媒体受抓眼球和拼流量驱动，对所谓"负面新闻"更是青睐有加。非洲媒体的多元性和复杂性再加上西方在非洲的传统影响力及其在国际社会的"话语霸权"地位，使得中国在非洲的话语权建设不可能一蹴而就，会有很长的一段路要走。

坦率而言，中非关系虽然在近二十年来取得了全方位快速发展，特别是对非贸易和投资都频创历史新高，但中非关系发展的舆论环境却并未同步改善和发展，反而挑战重重、舆情环境日益严峻。这一方面是西方舆论的攻击和抹黑，把中国重视发展对非关系看作出于对石油等战略资源的争夺和所谓的"新殖民主义"；另一方面，受西方舆论的影响，非洲对中国的误解情绪也在增加，担忧甚至批评中国在非洲搞"新殖民主义"的言论也不时出现。新冠肺炎疫情暴发后，所谓的"中国病毒说"和"中国赔偿论"在非洲也有一定市场。尼日利亚和埃及的律师甚至向当地法院提起对中国赔偿的法律诉讼。赞比亚卢萨卡市市长还打着防止"中国病毒"传播的旗号排查在该市经营的中国商铺和餐馆,使中企在卢萨卡的生存环境明显恶化。因此,从源头上清理负面舆情已经刻不容缓。

三　未来加强中非人文交流的对策建议

2013年秋，中国国家主席习近平统筹国内国际两个大局，着眼人类发展未来，提出共建"一带一路"重大合作理念，契合了人类追求幸福生活的美好愿景，开启了世界共同繁荣发展的新征程。习近平主席强调，人文交流合作也是"一带一路"建设的重要内容。不仅对于热火朝天建设中的"一带一路"全球推进具有很强的政策实施的现实参考意义，而且对于我们深化对"一带一路"构想的理论研究以及对以政治、经贸和人文"三驾马车"驱动的新时代中国外交的学术研究也具有重要的学术价值。

非洲大陆共有54个国家和地区，是世界上发展中国家最集中的地区，是各种民族、宗教、文化汇集以及冲突"热点"问题相对集中、大国利益与影响争相渗透并相互交集的地区，也是"一带一路"建设和新时代中国外交的重要着力点。拥有丰富文化底蕴的非洲大陆，更需要中国的非洲研究学者从中非人文交流和软实力建设的角度来深度挖掘非洲的文明和文化宝藏，并从中找到中非人文交流的"契合点"和"共振点"，为构建"一带一路"建设的民意基础作出贡献。

（一）中非人文交流对"一带一路"建设的重要性

1. 人文交流是构筑"一带一路"建设民意基础的重要纽带和抓手

人文交流一直是习近平新时代中国特色社会主义外交思想的重要组成部分。习近平总书记在党的十九大报告中指出，要"加强中外人文交流，以我为主、兼收并蓄。推进国际传播能力建设，讲好中国故事，展现真实、立体、全面的中国"[1]。习近平主席在2018年中非合作论坛的讲话中提到："我们都为中非各自灿烂的文明而自豪，也愿为世界文明多样化作出更大贡献。我们要促进中非文明交流互鉴、交融共存，为彼此文明复兴、文化进步、文艺繁荣提供持久助力，为

---

[1] 习近平：《决胜全面建成小康社会 夺取新时代中国特色社会主义伟大胜利——在中国共产党第十九次全国代表大会上的报告》，载中华人民共和国中央人民政府网 http：//www.gov.cn/xinwen/2017-10/27/content_ 5234876.htm，2017-10-27。

中非合作提供更深厚的精神滋养。我们要扩大文化艺术、教育体育、智库媒体、妇女青年等各界人员交往，拉紧中非人民的情感纽带。"①

构建中非命运共同体，民心相通是重要因素。"国之交在于民相亲，民相亲在于心相通。"相较于政府高层互动往来以及国际安全、经贸等领域合作，人文交流能够深入社会各个层面，润物无声，直抵人心，在促进民心相通方面发挥着独特的作用。人文交流涉及教育、旅游、语言、艺术等普通民众生活的方方面面，很大程度上能够增加民众对外交往的参与感和获得感，也更容易拉近不同国家人民心与心的距离，消解疏离、隔阂感。②

2. "一带一路"建设不仅需要"硬联通"，更需要"人文交流"和"民心相通"的"软联通"

"一带一路"框架下的中非交往与合作并不是单线的，也不是平面的，而是一个包含经济贸易、政治安全和人文交流合作的立体的、多层面的合作交往。"人

---

① 习近平：《携手共命运 同心促发展——在2018年中非合作论坛北京峰会开幕式上的主旨讲话》，新华网，2018年9月3日，http://www.xinhuanet.com/politics/leaders/2018-09/03/c_1123373881.htm。

② 李澜涛：《深入开展中非人文交流促进民心相通和文明互鉴》，光明思想理论网，2018年10月22日，https://theory.gmw.cn/2018-10/22/content_31801978.htm，2018-10-22。

文交流",其内容和方式主要包括但不限于文艺展示、教育合作、旅游合作、专题论坛、学者对话、媒体互访等。[1] 人文交流的英文对应的是"cultural and people-to-people exchange",可见其重点在于"人和人"之间的交往,含有"人民享有、人民主导、为了人民"之意,所以亦可把人文交流理解为"人民间的交流"或"民间交流"。[2] 这样的交流和交往以"人"为核心,功利性低、官方性弱、政治含义少,而具备活动的日常性、活动的广泛性、民众的基础性等特点。正是这些特点,让人文交流得以成为消除误解、减少摩擦的"润滑剂"和增加互信、加深友谊的"黏合剂",因此,人文交流也自然而然地成为促进"民心相通"的重要途径。中非双方人民频繁的互相来往,通过教育合作、媒体互访、智库学者对话、艺术交流和人力资源培训等方式,实现民众间的交流和沟通,这种交流和沟通进一步夯实了中非合作的民意基础、塑造共同的价值认同、深化了"一带一路"的合作共识。

以往的中非合作过多聚焦于能源资源开发或基础设施建设等"硬"领域的合作,经常被西方媒体过度

---

[1] 庄礼伟:《中国式"人文交流"能否有效实现"民心相通"?》,《东南亚研究》2017年第6期。

[2] 庄礼伟:《中国式"人文交流"能否有效实现"民心相通"?》,《东南亚研究》2017年第6期。

解读为"中国掠夺非洲资源",将中国与非洲的人文沟通和民间交流都视为意识形态的扩张,西方对"一带一路"倡议的质疑声也屡见不鲜,例如,"一带一路"倡议会引发沿线国家的地缘政治紧张等。这些言论虽然存在诸多漏洞,但难免会引起一些不明真相或心怀叵测的人随之起舞。这也从侧面反映了相较于中非在政治交往和经贸合作的快速发展,中非人文交流方面还存在不少挑战和问题。中国不仅需要进一步向外部世界阐释清楚当今中国合作发展理念、发展模式,更需要依托于广大的普通民众,通过他们切实的行动把"中国形象"动态地、生动地向全世界展示,从而刷新非洲和世界对中国的认识。国之交在于民相亲,民相亲在于心相通。中非人文交流通过双方人民点滴间的来往和文化交流,有利于消除偏见和误解,有利于非洲与其他国家和地区增进对中国文化、模式、发展理念的理解和认同。通过不断理解对方的文化和文明,为双方在经济合作和政治交流方面夯实基础,并且不断扩大中非合作的领域,充实合作内涵,使"一带一路"建设不仅通过修路架桥帮助所在国实现"硬联通",而且也要同步实现中国人民和"一带一路"沿线国家人民之间的"人文交流"和"民心相通"的"软联通"。

（二）加强中非人文交流的对策建议

1. 逐步淡化人文交流的官方政治色彩，激发民间组织的活力

在人文交流领域中，参与主体多样，包括政府、民间组织、中小企业、跨国组织、媒体和普通民众等。诚然，在通过人文交流来促进中非双方民心相通、构建人类命运共同体的过程中，离不开政府有效的指导。但前文也已经提到，政府直接主导中非人文交流容易造成疏离感、让人产生戒备心理，且影响有限，收效不佳。因此，应逐步淡化和弱化人文交流的政治色彩，让政府进行角色转变，从人文交流的主导者变为引导者。在搭建好人文交流的台子后退居幕后，把舞台交给半官方性质的民间组织、纯民间组织、企业和普通民众。

对政府而言，在搭建人文交流的舞台时，应该坚持以鼓励政策为主，为民间力量提供支持。参与"一带一路"建设是非洲国家认识和了解中国的窗口，鼓励中国文化企业走进非洲。不仅要鼓励在非洲的中资企业积极回馈当地社会，积极承担社会责任，支持当地所需要的文化和教育发展，还应加强在非员工与非洲当地社会的各个阶层建立友好联系，积极融入当地

社会。鼓励中国在非洲的企业成立社会责任联盟并以此名义向致力于中非之间人文交流的纯民间组织提供资助，支持这类民间组织解决运行资金不足问题等。媒体是维系中非友谊的重要使者，要支持中国媒体走进非洲与非洲媒体合作，共同制作介绍中非人文交流的影视节目或纪录片。在非洲的华人华侨是非洲的"中国通"，具有推动中非人文交流的独特优势，要发挥他们的纽带作用，用当地人熟悉的语言、思路讲好中国故事，增进非洲国家对中国的认识和"一带一路"倡议的共鸣。

政府更应想非洲之所需，关注非洲人民最关心的议题。根据非洲不同国家和地区的不同发展阶段制定一个总体战略规划，为具有不同优势的民间组织参与中非人文交流提供引导，以实现资源的优化配置。非洲大多数国家都关注环境、教育、粮食安全、医疗卫生、妇女与儿童权利等议题，这些领域都是中非人文交往大有可为之处。中国政府可以鼓励具有不同优势的民间组织和企业参与其中，与非洲人民共同工作来扎实地促进民心相通。以医疗卫生领域为例，非洲饱受传染病的威胁，艾滋病、埃博拉病毒、新冠肺炎疫情等为非洲国家带来人员和财产的严重损失。2014年，几内亚、利比里亚和塞拉利昂西非三国暴发的埃博拉疫情持续肆虐，经过非洲和国际社会的共同努力，

2016年3月29日,世界卫生组织宣布西非地区埃博拉疫情已不再构成"国际关注的突发公共卫生事件"。然而,2019年埃博拉疫情又在刚果民主共和国卷土重来。在抵抗像埃博拉疫情、新冠肺炎疫情这样的公共卫生领域,中国政府应鼓励民间组织和企业参与到支持非洲人民抗击疫情的"战役"之中,鼓励他们参与到提高非洲卫生能力建设的事业中。例如,中国红十字会、中国扶贫基金会都是国内长期活跃于卫生安全领域的民间组织,对如何应对这样的公共卫生危机具备一定的经验,比政府行动更加灵活。今后,这样的民间组织应在政府的引导下,加强与非洲相关政府部门和组织的来往,加强与国际多边组织(如世界卫生组织等)在提高非洲公共卫生能力方面的合作,并建立应对卫生危机的协调机制。试想,若在大型公共卫生危机面前,看见越来越多的中国志愿者和民间组织活跃在人道主义救援前线,中国的人道主义救援精神无疑会以一种"润物细无声"的方式感动和塑造非洲人、西方人对中国的认知。事实上,中国是最快以实际行动和抗疫物资援助埃博拉疫区的国家之一。来自中国的紧急援非医疗队和公共卫生专家与非洲人民一起奋战,尽职尽责地为疫区人民提供完善的医疗服务,中国志愿者通过加入无国界医生组织和其他非政府组织,走在抗击埃博拉疫情的前线。这种在实践中共同应对困难的做法，可谓是以最实际行动来拉近中非人民之间的心灵距离。

在今后的发展中，政府应引导中国民众、企业、民间组织的志愿服务活动，助力中国志愿活动走出国门。这不仅会丰富中非人文交流的内涵，还能摆脱西方国家对人文交流带有政治性的指责。除了让中国民众、企业和民间组织走进非洲，还可以通过打造国际化的民间组织交流平台，来弱化人文交流的政治色彩。在这个平台中，来自非洲和西方的志愿者与中国的志愿者和民间组织共同交流，分享他们的志愿工作、经历、故事等，共同计划实施国际性的公益项目，有利于中国融入跨国人民间交往的平台中，人文交流的政治化、官方化和距离感自然而然地就会减少。[①]

2. 引进更多非洲的文化资源，深化和扩大中非人文领域交流合作

中国应始终保持平等的心态，主动学习和借鉴非洲文化的优秀成果。在人文交流中，中国需要充分了解非洲的文化，借鉴其值得学习的地方，进而找到中非人文交流的共同点，保证充分有效的沟通。为了更好地让中国民众了解非洲文化，2012年中国首个中非

[①] 庄礼伟：《中国式"人文交流"能否有效实现"民心相通"？》，《东南亚研究》2017年第6期。

文化产业园在北京落户。该园区以非洲文化中心、非洲商务中心、文化交流演出、美食休闲、艺术藏品等产业为重点，旨在建设辐射中国与非洲的文化产品中心，建设中非文化交流的示范产业园区。[①] 中非文化产业园不仅提供了日常性的参观、展览活动，成为中国人了解非洲的一个平台，它还将文化符号发展为贸易与产业合作，加强中非文化产品贸易往来。2016 年中非（浙江）文化交流合作中心已经开始招商引资项目，2018 年提出"支持金华建设中非文化合作交流示范区"，种种迹象都表明中国正在引进非洲文化资源的道路上越走越宽。

同时，非洲也应加大对自身的文化传播，加快在文化产业等方面与中国实行对接，让中非双方在人文交流上形成良性互动。艺术策展人欧阳甦认为，"中非的文化（人文交流）合作，不是简单或者单一的买卖和贸易，而是集合双方的智力、资本资源，共同开发文化品牌"。[②] 通过文化产业将非洲的文化引进到中国，将中国的文化传递到非洲，共同开拓中非共有的文化产品，将单纯的交流拓展为产业合作，可以大大提高中非人文交流的效率。文化部发布的《文化部

[①] 赵珊：《中非文化产业园将落户北京》，《人民日报》（海外版）2012 年 4 月 16 日第 7 版。

[②] 郭凯：《共享资源加速中非文化产业合作——访艺术策展人欧阳甦》，《经济》2016 年第 19 期。

"一带一路"文化发展行动计划（2016—2020年）》中明确表明，推动"一带一路"文化产业繁荣发展是"一带一路"建设的重点任务之一，中国将以文化旅游、演艺娱乐、工艺美术、创意设计、数字文化为重点领域，支持"一带一路"沿线地区根据地域特色和民族特点实施特色文化产业项目。[①]

中国应在文化产业上与非洲各国开展合作，促进非洲文化市场的开放和文化资源的整合。应发掘非洲文化产业的增长点，以非洲具有特色的文化产业项目为依托，中非双方共同将其做大做强。文化旅游上，中非在旅游业拥有很大合作空间。埃及、突尼斯、肯尼亚、南非和毛里求斯是中国游客出境旅行的热门选项；南非、贝宁等国在音乐产业的发展较为成熟；安哥拉的传统艺术、津巴布韦的石雕艺术、坦桑尼亚的木雕艺术独具特色，是其发展文化产业的优势；演艺娱乐方面，非洲国家也吸引了大量的外国艺术家、设计师和文化界人士，非洲大陆也是传统与创意交融。例如，尼日利亚的影视行业发展迅速，已经成为经济发展的支柱产业。尼日利亚电影人生产的作品主要讲述的是非洲自己的故事，中国在未来可以引进更多这

[①] 《文化部关于印发〈文化部"一带一路"文化发展行动计划（2016—2020年）〉的通知》，中华人民共和国中央人民政府官网，2016年12月29日，http://www.gov.cn/gongbao/content/2017/content_5216447.htm。

方面的作品，了解非洲人是如何看待自己的。这些都成为中非对接文化产业的优先考虑领域。与此同时，面对中非对接文化产业时所产生的问题，中非双方都要有耐心。例如，以数字音乐、网络文学、动漫、影视、游戏、直播等为代表的一大批新兴数字文化行业在中国发展迅速，成为中国文化产业中的核心。[①] 但是，非洲的数字文化行业还处于初步发展阶段，在知识产权、法律制度保障、执法监管等方面仍需完善。这就要求在中非对接文化产业合作时，不能操之过急，采取实事求是、因地制宜的方式来处理对接偏差问题。

非洲作为人类文明的发源地，有着丰富的文化遗产和璀璨的文明。然而，非洲的文化资源虽然丰富，但非洲大多数国家处于贫困状态，没有过多的资金来支持文化产业的发展。非洲各族人民千百年来创造了丰富多彩、独具特质的文化（如精美的木雕、铜雕、石雕和绘画艺术，以及语言、诗歌，音乐和舞蹈艺术等），但可惜的是，这些文化因得不到很好的挖掘、保护和发展，要么流失和消逝，要么散落民间处于自生自灭的状态，要么因个别人或团体独自坚守而得不到与同行们交流与合作的机会。因此，继续保持中非文

---

① 《中国数字创意产业爆发式增长动漫游戏直播等是典型》，中国文化传媒网，2018年11月19日，www.ccdy.cn/chanye/201811/t20181119_1397946.htm。

化交往势头，鼓励并支持非洲国家开展汉语教学，继续在非洲国家增设孔子学院，鼓励和支持中非互设文化中心，丰富"中非文化聚焦""中非文化人士互访计划"等活动内容，提高文化交流实效，尊重彼此文化多样性，促进中非文化兼容并蓄、共同繁荣，增进双方人民彼此了解和友谊。推动双方文化机构和人员往来，加强人才培养和文化产业合作。改善和提高中国在非洲的国家形象和所面对的国际舆论。

3. 加强中非智库交流、推动非洲智库建设

加强中非智库交流的关键在于推动非洲智库的机制和能力建设，提高非洲智库在非洲和全世界的学术和政策影响力。作为中非民间对话的固定机制，中非智库论坛是中非学术界稳定合作的有力保障。它既能自下而上激发中非民间交往的活力，也能自上而下保障中非学者积极对外发声。

首先，推动中非智库合作的机制建设。中非智库交流不应仅限于召开会议，还应给非洲智库建设提供一定的物质和资金支持，用于购买电脑、办公室设备等。中国对非洲的无偿援助中可设立专款专用于支持非洲智库建设，在非洲智库内设立中国研究中心或开展中国研究项目。中国可出台举措帮助建设非洲智库，如鼓励中国在非企业资助非洲智库，开展行业研究，这也有助于中

资企业更好地了解所在国的局势，履行企业社会责任。例如，成立于 2016 年的埃塞俄比亚智库"对话、研究与合作中心"启动资金即来源于在非中资企业，该智库成立不久便主动自发举办了中共十九大研讨会。

其次，推动非洲智库的能力建设。可以尝试通过以下途径来加强这方面的工作：招聘非洲学者在中国非洲研究院工作，具体的形式可包括长期聘用常驻非洲学者，设立非洲访问学者计划、招聘非洲实习生等；针对中非关系中的热点、敏感点、难点问题（如债务问题）进行联合研究；资助非洲智库的学术研究和出版发行。中国非洲研究院的中非联合研究交流计划的经费开支应更灵活，允许非洲学者利用经费进行研究和出版，允许中方学者在非洲当地支付非洲顾问、项目助理和当地陪同人员的费用；在中国非洲研究院开设"非洲智库青年学者培训班"，公开招募对中国和中非研究感兴趣的非洲智库青年学者，全额资助差旅和住宿。通过培训班，向非洲青年学者分享中国经验，交流共同感兴趣的研究课题，鼓励中非学者设立共同的研究课题，在培训结束后继续支持课题研究。每年举办一届培训班，建立非洲智库青年学者数据库，定期邀请培训班校友来中国交流；邀请非洲智库学者来中国进行实地调研。提供资金和政策保障，支持非洲智库学者到中国地方政府、企业开展田野调研，了解中国的发展经验、中国与世界互动学习的经验。

最后,加强非洲学者的学术和政策影响力。支持中非智库联合举办研讨会,支持非洲学者在研讨会上展示自己的学术成果;资助非洲学者在非洲各地演讲和学术出版,提高在非洲当地的学术和政策影响力;资助非洲学者参加由欧美组织的具有影响力的非洲研究年会,例如美国非洲研究学会年会、全欧非洲研究大会等,在会议上宣讲非洲智库或中非智库共同研究的成果。中非智库可在大会申请阶段共同组织小组会议,设定小组会议议题;通过传统媒体和自媒体传播非洲智库的研究成果。中非学者可在非洲主流媒体联合开设中非关系专栏,不但要对"债务陷阱""白象工程"等针对中国的不实言论进行解释说明,也要主动出击,主动展示中非共同研究的成果;建立非洲智库数据库,系统梳理非洲智库的类型、运行特点及具有影响力的智库学者。

4. 加强中资企业经济活动对非洲的正面外溢效应,加大企业社会责任宣传

中国投资增加了东道国的资本存量、提升了就业水平,为其经济发展作出了重要贡献,同时对东道国市场、环境等方面产生了一定外部效应。未来要进一步加强中非经济合作对非洲当地的外溢效应。

首先，注重基础设施建设与当地产业发展的良性互动。以铁路项目为例，铁路建设在可行性调研阶段应注重与沿线产业园区、经济特区建设的对接和共同推进。以铁路建设为牵引，加强铁路沿线工业园区建设，以铁路建设带动沿线产业和经济社会发展，以产业发展为铁路自主有效运营提供支撑。这样的整体规划不是承担铁路建设的工程企业可以独立完成的，需要国家层面的主导和引导。

其次，鼓励中国基建相关的人才（不仅包括技术人才，更包括项目设计和规划人才）"走出去"。在规划中实现技术、经济、社会文化等方面的综合考量，才能为项目实施做出前瞻性的判断，这不仅要依靠项目前期的调研，更有赖于有经验的综合性人才对非洲各国长期、深入的调查研究。

再次，加强技术转移和能力建设，增强基础设施建设对非洲所在国的技术溢出效应。帮助非洲国家培训和培养基础设施建设需要的规划、建设和运营人才，有利于项目落地和项目可持续发展。一方面，有助于给当地创造就业机会，确保基础设施完成后的可持续运营。另一方面，可以提升中国作为非洲公共产品供给者的国家形象，可以有力地反驳某些西方媒体对中国的不实"攻击"，取得非洲人民的信任和支持。继而，加大中资企业在非洲的品牌建设和社会责任宣传投资。中国企业应强化企业履行社会责任意识，树立良好的国际形象，并加大品牌建设和社会责任宣传投资，重视海外公共关系工作的常态化与制度化。

最后，善于弘扬中国企业的优秀企业文化。中国企业不仅要"做得好""干得好"，还要学会"说得好""自我宣传得好"。以中国企业于2017年5月底帮助建成通车的肯尼亚蒙内铁路项目为例，这条连接肯尼亚首都内罗毕和东非第一大港蒙巴萨港的现代化铁路，不仅为肯尼亚创造了4万多个工作岗位、直接拉动肯尼亚经济增长率提升1.5%，而且铁路建设过程中考虑到沿线自然保护区动物迁徙的需要而特意加高了铁路支架高度（方便长颈鹿等超高动物迁徙）及隔音设备强度。项目承建单位中国路桥工程有限责任公司还通过帮助沿线居民打井取水、捐资助学、道路救援、修建地区道路、参与环保事业等，促进企业与当地社会深度融合与共同发展。一条铁路建设所反映出来的优秀企业文化不但能够支持企业成功"走出去"，更能够实现"走进去"的可持续发展，而且成为中非人文交流的一张亮丽的名片。

5. 中国文化"走出去"的过程中要善于寻找与当地文化产生共鸣的"共振点"

课题组成员近年来在非洲调研时，可以直观感受到西方在非洲留下的文化和价值观影响。"语言"（英语和法语、葡萄牙语等）和"宗教"（基督教）是西方殖民统治植根于非洲的两颗最富生命力的文化和观念的"种子"，而且这两颗"种子"经时间的历练早已与非洲的社会和文化深度融合，成为了非洲文化和观念的一部分。

当然，中国文化在"走出去"的过程中无须步西方的后尘。我们不仅有几千年博大精深的中华优秀传统文化资源，而且现当代中国的大众文化、社区文化和企业文化等支撑中国改革开放与和谐稳定的精神气质和文化给养同样丰富和多元，需要我们下大力气挖掘、提炼并用国际上能够理解和接受的语境和语言来加以表述和推广。目前，一个比较遗憾的事实仍然是，国际上对中国文化的认知以及我们自身目前对中国文化的挖掘仍更多地停留在古代传统文化方面，真正为人熟知的中国现代文化还并不多。

文化"走出去"不仅需要文化本身必须优秀和具备吸引力，而且需要与时俱进地提高文化传播手段和完善方式方法。坦率地说，博大精深的中华传统文化虽富有吸引力，但推广手段单一。现当代中国的大众文化则难以抵御美国等西方流行文化，甚至印度和韩国文化的影响。中国五千年文明所积淀的传统文化（从汉字到琴棋书画，从四书五经到诸子百家，从少林武术到吴桥杂技）虽博大精深并正吸引着越来越多的国际友人前来学习和钻研，但在挖掘和弘扬这些传统文化的过程中，我们发现，对国际友人甚至包括不少中国青少年而言，我们的一些优秀传统文化要么入门的门槛较高（如书画类），要么比较艰深难懂和远离现实的快节奏生活（如诸子百家和唐诗宋词），因此在推广和转化的过程中遇到不少阻力。再加上推广形式比较单一（主要依靠政府推广，民间很少介入），因此在一些国家常常出现"中华武术馆"的普及率赶不上"印度瑜伽练习班"的情况。

近年来，课题组成员有机会到非洲拜访了卢旺达、南非、埃塞俄比亚、摩洛哥和津巴布韦等国的孔子学院。在走访这些孔子学院的图书馆时，看到书架上的系列图书大多是五千年的中华文明史甚至是更专业的中华医学史或者经典《红楼梦》等四大古代文学名著，据悉来翻看和借阅者寥寥。其实这样的大部头不要说对于初学汉语者难度过大，兴趣点不易激发，即便对于有相当程度汉语功底的人也未必能够潜心坐下来研读。相比而言，更具有时效性和现实感的期刊、图文并茂的杂志、时政类的报纸或音像制品等更受欢迎，也更有利于当地民众了解当代中国和丰富多彩的现当今的中国大众和流行文化。

中国优秀文化"走出去"还需要善于寻找进入当

地文化的"切入点"及与当地文化产生共鸣的"共振点"。如2013年3月，习近平主席访问坦桑尼亚时曾特意提到的中国电视连续剧《媳妇的美好时代》在坦桑尼亚热播就是很好的一例。该电视连续剧聚焦的是当今中国城市家庭的男女婚恋、婆媳关系等家长里短，因其反映的就是老百姓的日常生活，很接地气，观众从中都可多多少少看到自己生活的影子，加之演员表演的也好，在中国播放时就创下很高收视率。当这部系列电视连续剧译制成斯瓦希里语在坦桑尼亚电视台播放时，同样酷爱收看当代家庭生活剧的坦桑尼亚民众不仅从片中了解到中国民众日常生活的酸甜苦辣，而且从中看到和了解到现代中国的家庭文化、社区文化乃至服饰文化，在引起共鸣的同时加强了对当代中国文化的了解。

6. 充分发挥中国援非医疗队在中非人文交流中的先锋和典范作用，解决援非医疗队员们的待遇和后顾之忧

始于1963年1月的中国援非医疗队是中国援非和开展人文交流的一张最亮丽的名片，也是后疫情时代共建中非卫生健康共同体的中坚力量。50多年来，中国援非医疗队从小到大，先后有2万多名中国医务工作者远赴非洲50多个国家和地区，救治患者超过2亿

人次、为非洲培训了数以万计的医疗技术人员，受到当地人民的尊重，以及所在国家政府的表彰。我们必须珍惜和爱护好这支历史悠久、技术过硬、作风顽强，并且在抗击西非埃博拉疫情及此次新冠肺炎疫情中经受过实战考验和屡立战功的队伍。

无论时代如何变迁，援非医疗队服务于国家外交事业，以无私的人道主义精神为非洲人民解除病痛的价值理念不会变。然而，在强调大局、奉献的同时，也要正视医务人员自身的利益诉求，例如，在医疗队待遇方面应随时代发展进行更加务实、人性化的政策调整。医疗队员在非洲要克服诸多国内难以想象的困难，甚至整个家庭都要为此做出一定的牺牲，因此，他们在国外的薪金待遇相对于医务人员在国内的整体收入要有一定比例的超前性，不应因为待遇过低而打击医务人员特别是医术精湛的医务人员参加医疗队的积极性，甚或使 50 多年的医疗援非传统难以为继。同时，加大政策保障、落实力度，在职称晋升、岗位聘用等方面的相关政策倾斜，通过自上而下由各级人事部门下发正式文件的方式得以落实。

此外，近年来中非文化交流日益密切，但交流内容往往限于艺术和语言方面，很少涉及卫生领域，建议通过孔子学院、援非医疗队、人力资源培训、双方互访等渠道加强中非之间的卫生文化交流，增进对彼此的理解与认知、对对方医疗技术以及医药文化的了解与认可，从而推动双方卫生合作的顺利进行。对非卫生发展援助领域存在诸多相互关联、互为影响的"利益攸关方"，包括各国政府、国际组织、地区性组织、非政府组织、慈善机构、企业等，除了与受援国政府进行协调之外，还应加强与其他机构的沟通与交流，消除误解，增进共识，营造良好的外部环境。事实上，合作项目本身的质量固然重要，但只有在项目之外的部分也得高分，才能获得更大的影响力和保持可持续的竞争优势。

7. 中非需合力打赢"舆论战"，解决"挨骂"问题

俗话说，"造谣一张嘴，辟谣跑断腿"。面对西方对中非关系的破坏和舆情围剿，中非必须合力亮剑来打赢这场"舆论战"。

打赢这场"舆论战"需要中非双边从政府到民间的团结一致和共同行动。从政府层面看，当舆情发生，政府有关部门及官员要迅速行动，以不卑不亢、有理有力有节的态度与立场来化解舆情挑战。如针对2020年4月上旬发生的有关广州疫情防控工作中涉非洲公民的所谓"种族歧视"问题，中国外交部、中国驻非大使馆和非洲驻华大使都迅速发声，驳斥不实报道、表明事实真相以及中国政府的立场，取得了很好的还原事实真相和粉碎谣言的效果。中国外交部发言人第一时间就在外交部例行记者会上强调，中国政府对所有外国在华人员一视同仁，反对任何针对特定人群的差异性做法，对歧视性言行更是零容忍。4月14日，中国驻尼日利亚大使周平剑与尼日利亚外交部部长奥尼亚马专门通过联合记者会对发生在广州的真实情况进行了澄清说明。纳米比亚驻华大使凯亚莫在核实了纳米比亚公民在广州的情况后，也在《纳米比亚人报》上公开驳斥了所谓"非洲人在中国受歧视"的说法，并强调社交媒体上有关"外国人被从中国酒店和住所赶出来"的表述都是不准确的。[①]

未来，中国政府在加强中非媒体交流合作中还应重视与非洲知名自媒体和社交媒体的合作。近年来，在中非合作论坛行动方案（如2015年中非合作论坛约翰内斯堡峰会推出的"十大合作计划"和2018年中非合作论坛北京峰会推出的"八大行动"）的大框架下，中非媒体间的交流与合作已经有序展开，并取得了不少成效。中央广播电视总台英语频道也在非洲设立了CGTN分台，《中国日报》也早已创办和发行了非洲

[①] 乌小宝：《纳米比亚驻华大使也驳斥了这种谣言！》，环球网，2020年4月15日，https：//baijiahao. baidu. com/s? id = 1664099632348563238&wfr = spider&for = pc。

版。中方也经常邀请非洲媒体的记者编辑来华交流、培训和实习等。但从近年来中非关系舆情风暴中可以看到，对中非舆情构成挑战的主要是各种社交媒体和自媒体。它们传播速度快、缺乏资讯审查机制、受众群体广、影响力不断增大，因此未来的中非媒体交流工作不能够仅仅局限于邀请非洲国家的政府机关报及电视广播等传统媒体，还应该遴选出那些在当地有影响的自媒体和社交媒体，邀请这些媒体的创办人或知名博主来华交流，扩大中非友好的媒体基础盘。在具体措施上，一是要保持在官媒和传统媒体上对不实报道和谣言展开反击，做出针对性的澄清批驳；二是可制作相关短小精悍的视频，通过自媒体和社交媒体传播出去，打好打赢"社交舆论战"。

从民间层面看，需要大力推进中非民间交往和公共外交，加强中非人民之间的交流与相互了解，提高中国在非洲的话语权和影响力。相对于贸易和投资额等经济指标可以在短时期内实现大幅提升，推进中非民间交往以及提升话语权则是一个渐进和"润物细无声"的过程。友善的民意基础来之不易，需要小心呵护。因此，要主动塑造中国形象，政府应加强对中非民间交流、杂志投送及智库研究等"软领域"的投资。20世纪60—70年代，中国在非洲的媒体宣传等方面就十分舍得投入，中国在非洲的宣传交流工作搞得很扎实、细致，效果很好。当时在非洲广泛发送的各类英法文报纸、杂志几乎影响了整整一代非洲人的世界观，对非洲人民了解中国，提升中国在非洲的话语权可谓贡献卓著。课题组成员20多年前曾在采访加纳驻华大使阿梅耶多沃时，听大使先生深情地回忆起20世纪60年代当他还是小学生时，就免费收到中国寄去的英文版《中国文学》杂志，使他从小便对中国心向神往。[①]"国之交在于民相亲"，人文交流合作是中非关系实现长远和可持续发展的保障。过往的中非人文流历程告诉我们，只要中非人民携手努力，并肩奋进，中非实现文化共兴、文明互鉴将是历史的必然。

另外，我们还可以充分利用中国在非洲的华侨华人和华文媒体作为传播平台，讲好中国故事。经过多年的打拼，一些华文媒体在非洲当地已经形成了较大的影响力，例如南非的环球广域传媒集团等。华侨华人在非洲当地拥有独特的优势，他们不仅对当地的风俗习惯、国情地貌有深入的了解，在当地也有丰富的人脉资源。[②] 通过加强与华文媒体的广泛深入合作，可以更精准和快捷地走进非洲国家。

---

① 1999年1月13日笔者与加纳驻华大使阿梅耶多沃的访谈记录。
② 黄日涵：《推进"一带一路"：讲中国故事需要进入2.0模式》，《光明日报》2017年4月28日第10版。

8. 加强中非人民在日常生活和工作中的交往，展现友好姿态

人文交流和民心相通的基础在"人""民"，即每个个体或由个体组成的团体间的来往。从根本上来讲，促进人文交流靠的是中非两国人民的实体接触与虚拟空间中的交往，他们在交往中展现友好的姿态，树立良好的形象，共建美好的事物。①

自2000年中非合作论坛成立以来，21年来中非间的跨国互动不断增多，在非洲的中国人和在中国的非洲人是实现民相亲、心相通的关键桥梁和友好使者。不仅大量中国人去非洲务工、旅游，2017年国际著名咨询公司麦肯锡的报告称有1万多家中国企业在非洲落户；同时，也有一批批非洲人来华学习、经商。2018年，广州市公安局发表数据显示，广东省的非洲国家人员约2.3万。② 具体来看，中国在非洲的人员主要分为四类：第一类是中国官方派驻非洲的工作人员，如维和人员、使馆外交人员、工程顾问等，他们是中国政府政策的主要执行者；第二类是中国政府、国企

---

① 庄礼伟：《中国式"人文交流"能否有效实现"民心相通"?》，《东南亚研究》2017年第6期。
② 《多措并举努力营造大外管格局》，广州市人民政府网站，2018年1月30日，www.gz.gov.cn/gzgov/s5823/201801/642af5bf815a4f24ba87dac9d506054b.shtml。

援建非洲工程派遣人员,如工程技术人员、建设人员等;第三类是在非洲大陆做生意的中国商人,他们在非洲当地依靠自己的技能、资本发展私营企业;第四类是受聘于非洲当地企业或欧美在非洲企业的中国员工。[1] 而非洲在中国的人员主要有三类:第一类是非洲商人,是在华非洲人社群中最大的群体;第二类是非洲来华留学生,属于在华非洲人的第二大群体;第三类是来华工作的专业人士。不管是非洲人在中国,还是中国人在非洲,他们都会在异国接触到当地的普通民众,他们或许毗邻而居,或许一起工作,或许共同参与探讨和学习。总之,在这样广泛而日常的场景中,中国人和非洲人以直接面对面的方式接触着、交流着、交往着。在这样的互动中,中国人在非洲异乡和在国内接触非洲人时所展现的精神风貌、谈吐言辞、行为形象直接影响了非洲人民对中国的感知,塑造了他们对中国人、中国社会的评价;反之亦然,非洲人的谈吐、精神、行为和姿态也影响着中国国内民众与在非务工人员对其的看法。

非洲人对中国人的吃苦耐劳、灵活、工作高效印象深刻,对某些中国人不合时宜的劝酒习俗感到不解,

---

[1] 刘天南、蔡景峰:《中非人文交流:机制、局限与对策》,《中国非洲研究评论·北京论坛专辑(2017)总第七辑》,北京大学非洲研究中心,2018年。

并希望中国人来到非洲后能遵守当地法律、提高销往非洲产品的质量并注重自身形象问题。[①] 关于中国对非洲人的看法，传统媒体对非洲人的相关报道都较为正面，认为来中国经商的非洲人是连接中非经济和文化的桥梁。[②] 但是，在微信、微博等社交媒体中进行相关检索，便会发现中国的网络舆论对非洲人的印象仍然较为负面。特别是在2019年的山东大学"学伴"事件后，对非洲人的负面舆论一度发酵。在全球化深入发展、网络信息发达的背景下，夸大负面问题的网络言论十分有可能被相关国家的政府和人民知悉，破坏中非友谊。看起来只是一句过激的言论，却不止造成了中国对非洲的不利看法，又反过来破坏了非洲对中国的印象，对中国政府主导的"民心工程"存在重大影响。2020年4月上旬，围绕广州疫情防控工作中涉及非洲公民的问题，中非关系的舆情也在一夜之间飙升为国内外媒体关注的"风暴之眼"。一些非洲及西方媒体还把在广州的非洲公民在疫情防控中所遭遇的所谓"不公正"对待问题迅速上升到中国对非洲人搞"种族歧视"，甚至声称中国是在借疫情防控对在华非洲人搞"种族主义"等。

[①] 袁南生：《中国人在非洲》，《理论参考》2016年第11期。
[②] 《广州——在华非洲人的家园》，人民网，2016年11月14日，world.people.com.cn/GB/n1/2016/1114/c404824-28859390.html。

因此，要坚持从普通民众的角度出发，为中国人到非洲务工和学习以及非洲人来华经商求学提供更多机会和政策引导，以实现中非人民间的全面接触。中非双方应从日常的点滴做起，提高自身素质，不管是在实体接触还是虚拟空间中都不发表影响中非友谊的过激言论，秉持友好交往、相互学习的理念。当然，当中非人民一起交流、一起工作、一起合作时，肯定会因为不同的文化、工作理念或习俗而意见不合或产生摩擦。但合作中产生的问题，只能也必须在合作中解决。通过长时间的、深层次的接触，中非双方人民才会对彼此知根知底，不止接触到对方对外所展现的恢宏与华丽的那一面，也能了解到最底层的、最本土、最具特色的那一面，在看过好与坏、优点与弱点后，双方才能学会妥善处理遇到的摩擦和问题，实现民心相通。

结　　语

"一带一路"倡议提出以来，得到非洲国家的积极响应。这说明"一带一路"倡议作为中国应对全球问题而提出的"中国方案"，符合非洲发展的切实需要。人文交流为"一带一路"建设打造坚实民意基础的重要纽带和抓手，"一带一路"建设不仅需要"硬联通"，更需要人文交流和民心相通的"软联通"。

在人文交流领域，中非双方人文交流的范围广泛，内容丰富，合作程度也进一步加深，在教育合作、医疗卫生合作、科技合作、智库与学者交流、艺术和媒体交流、旅游活动等方面都呈现出欣欣向荣的景象。与此同时，要实现民心相通，还需解决双方在交往中出现的一些问题。中非人文交流由中国官方筹措的多，参与主体需进一步丰富；中非人文交流过度聚焦于文化展示，深度有待提高；中非人文交流主要为中国单向式的输出，双方互动性不足；中非人文交流过程中还需要加强对彼此的认知以及对交流内容的不断拓展；中非人文交流过程中面临越来越严峻的舆情挑战。

　　为了进一步发挥人文交流对"一带一路"建设的促进作用与推进中非友好交往，未来我们需要逐步淡化人文交流的官方政治色彩，激发民间组织的活力；引进更多非洲优秀的文化资源，增强中非双方的文化交流与互动；加强中非智库交流、推动非洲智库的建设；加强中资企业经济活动对非洲的正面外溢效应，加大企业社会责任宣传投资；中国文化"走出去"的过程中要善于寻找与当地文化产生共鸣的"共振点"；充分发挥中国援非医疗队在中非人文交流中的先锋和典范作用、解决援非医疗队员们的待遇和后顾之忧；需中非合力打赢"舆论战"和解决"挨骂"问题；加强中非人民在日常生活和工作中的交往，展现友好姿态。总之，面对中非人文交流中的挑战和困难，不能操之过急，要应对有道，使"一带一路"建设行稳走远。

参考文献

一　中文著作

何芳川、宁骚:《非洲通史》(第一卷),华东师范大学出版社 1995 年版。

刘若芳、汪前进:《〈大名混一图〉绘制时间再探讨》,《明史研究》(第 10 辑),黄山书社 2007 年版。

商务部研究院编:《国际发展合作之路——中国对外援助 40 年》,中国商务出版社 2018 年版。

汪大渊:《岛夷志略校释》,苏继庼校释,中华书局 1981 年版。

二　中文论文

《多国政党政要反对攻击抹黑中国的行径》,《人民日报》2020 年 9 月 1 日第 3 版。

安宁、梁邦兴:《"走出去"的地理学——从人文地理学视角看中非合作研究》,《地理科学进展》2018 年第37期。

陈璐：《中非文化交流之花"非"比寻常》，《中国文化报》2018年8月31日第1版。

陈明昆、张晓楠、李俊丽：《中国对非职业教育援助与合作的实践发展及战略意义》，《比较教育研究》2016年第8期。

程诚：《中非贸易的挑战与机遇》，《中国投资》2018年第22期。

戴兵：《二十载耕耘结硕果 新时代扬帆启新程——纪念中非合作论坛成立20周年》，《中国投资》2020年3月号。

党云峰：《促进中非经贸人文交流两个轮子一起转——文化部部长蔡武谈深化中非文化交流合作》，《中国文化报》2014年5月16日第1版和第2版。

冯佐库：《中非友协对非民间外交工作的回顾》，《公共外交季刊》2012年秋季号总第11期。

郭凯：《共享资源加速中非文化产业合作——访艺术策展人欧阳甦》，《经济》2016年第19期。

黄日涵：《推进"一带一路"：讲中国故事需要进入2.0模式》，《光明日报》2017年4月28日第10版。

计飞：《中非自由贸易区建设：机遇、挑战与路径分析》，《上海对外经贸大学学报》2020年第4期。

李安山：《中非合作的基础：民间交往的历史、成就与特点》，《西亚非洲》2015年第3期。

刘青海、刘鸿武：《中非技术合作的回顾与反思》，《浙江师范大学学报》2011年第1期。

刘天南、蔡景峰：《中非人文交流：机制、局限与对策》，《中国非洲研究评论·北京论坛专辑（2017）总第七辑》，北京大学非洲研究中心，2018年。

刘星喜：《从危机中寻找契机中非科技合作新重点》，《光明日报》2020年7月9日第14版。

罗建波：《中非关系与中国的世界责任》，《世界经济与政治》2013年第9期。

骆高原、陆林：《中非旅游合作的现状和未来》，《地理科学》2009年第2期。

任韧、陈晓悦：《以文化交流促中非文明对话和文化互鉴——〈中非合作论坛——约翰内斯堡行动计划（2016—2018年）〉成果之文化篇》，《中国文化报》2018年9月4日第3版。

宋微：《积极培育非洲市场——中国援助提升非洲的贸易能力》，《海外投资与出口信贷》2018年第6期。

王珩、王丽君、刘鸿武：《构建中非命运共同体话语体系——中非智库论坛第八届会议综述》，《图书馆论坛》2020年第4期。

王毅：《二十载命运与共，新时代再攀高峰——纪念中非合作论坛成立20周年》，《人民日报》2020年10

月 15 日第 6 版。

杨宝荣:《"一带一路"倡议下的中非人文交流》,《西亚非洲》2020 年第 2 期。

袁南生:《中国人在非洲》,《理论参考》2016 年第 11 期。

赵珊:《中非文化产业园将落户北京》,《人民日报》(海外版) 2012 年 4 月 16 日第 7 版。

庄礼伟:《中国式"人文交流"能否有效实现"民心相通"?》,《东南亚研究》2017 年第 6 期。

三 外文论文

Afrobarometer, "Africans Regard China's Influence as Significant and Positive, but Slipping", Dispatch No. 407, November 17, 2020.

Charles Onunaiju, "Africa and China's Belt and Road Initiative", https://thenationonlineng.net/africa-and-chinas-belt-and-road-strategy/, August 18, 2020.

David Monyae and Emmanuel Matambo, "Meaning of the Belt and Road Initiative: A South African Viewpoint", *People's Daily*, February 20, 2019.

三 网络文献

《多措并举努力营造大外管格局》,广州市人民政府网站，2018年1月30日，www.gz.gov.cn/gzgov/s5823/201801/642af5bf815a4f24ba87dac9d506054b.shtml。

《广州——在华非洲人的家园》，人民网，2016年11月14日，world.people.com.cn/GB/n1/2016/1114/c404824-28859390.html。

《进出口银行正式设立50亿美元自非洲进口贸易融资专项资金》，2019年2月28日，http://gn.mofcom.gov.cn/article/zxhz/201902/20190202835565.shtml。

《民意调查显示中国在非洲影响力赢得广泛积极评价》，2016年10月26日，http://www.gov.cn/xinwen/2016-10/26/content_5124475.htm。

《外交部就中国—南非高级别人文交流机制具体情况等答问》，外交部网站，2017年4月14日，www.gov.cn/xinwen/2017-04/14/content_5185870.htm。

《卫生计生委副主任金小桃出席非洲抗击埃博拉国际大会》，卫生计生委网站，2015年7月23日，http://www.sohu.com/a/23953136_120967。

《文化部关于印发〈文化部"一带一路"文化发展行动计划（2016—2020年）〉的通知》，中华人民共和国中央人民政府官网，2016年12月29日，http://www.gov.cn/gongbao/content/2017/content_5216447.htm。

《习近平在亚洲文明对话大会开幕式上的主旨演讲（全文）》，2019年5月15日，http://www.xinhuanet. com/politics/leaders/2019-05/15/c_ 1124497022. htm。

《携程旅游报告：2018年非洲将成为接待中国游客人数增长最多的大洲之一》，新京报网，2018年8月30日，www. bjnews. com. cn/travel/2018/08/30/502259. html。

《伊本·白图泰——一位向世界展示中国的穆斯林》，中国政协新闻网，2013年7月4日，https：//baike. baidu. com/reference/10792815/ead8s8gKIoX0kT72WEkQCyVWDbqDAJgc5eVuvTxb9q90xWm1MbYlT9cq1wm0QUq1Nxh2IuQ-vEoZD0kynEIPlKOo-ltjh5zZ3Uj-5YH-Ojn-s_ VnUVDm2w。

《中非旅游合作升级正当时》，中国经济网，2019年6月27日，https：//baijiahao. baidu. com/s？id＝1637452652503041602&wfr＝spider&for＝pc。

《中非人文交流取得累累硕果》，外交部发言人办公室，2020年10月27日，https：//news. sina. com. cn/c/2020-10-27/doc-iiznezxr8400486. shtml。

《中非团结抗疫，万里支援》，央视网，2020年6月17日，http：//world. gmw. cn/2020-06/17/content_ 33920478. htm。

《中非智库论坛第一届会议在杭隆重开幕》，2011年11月4日，https：//www. fmprc. gov. cn/zflt/chn/xsjl/zflhyjj ljh/t873978.htm。

《中国的"十三五""十四五",非洲政党政要怎么看?》,2020年11月18日,http://www.focac.org/chn/zfzs/t1834209.htm。

《中国数字创意产业爆发式增长动漫游戏直播等是典型》,中国文化传媒网,2018年11月19日,www.ccdy.cn/chanye/201811/t20181119_1397946.htm。

《中国与非洲关系大事记(1960—1969)》,2006年10月30日,http://news.sina.com.cn/c/2006-10-30/150711371306.shtml。

财政部政府和社会资本合作中心:《"一带一路"PPP项目案例——东非亚吉铁路项目》,2017年6月30日,http://www.cpppc.org/zh/ydylal/5269.jhtml。

德勤咨询:《2018年非洲基础建设市场动态》,2019年3月15日,https://www2.deloitte.com/cn/zh/pages/international-business-support/articles/2018-africa-construction-trends-report.html。

丁蕾、杨臻:《中科院与肯尼亚签署备忘录深化科研合作》,新华网,2018年12月13日,http://www.cas.cn/cm/201812/t20181214_4673832.shtml。

非洲观察:《非洲多国政党政要高度评价中国为全球抗疫提供支持和帮助》,2020年8月12日,http://news.cctv.com/2020/08/12/ARTIOxEXsn3ICSehuY2a5T1E200

812. shtml？ivk_ sa = 1023197a。

李澜涛：《深入开展中非人文交流促进民心相通和文明互鉴》，光明思想理论网，2018 年 10 月 22 日，https：//theory. gmw. cn/2018-10-22/content_ 31801978. htm，2018-10-22。

刘鸿武：《中南非人文交流亟需突破障碍、统筹推进》，中国政策研究网，2018 年 6 月 1 日，www. zg-zcinfo. cn/policyparsing/show-2949 5. html。

刘星喜：《谱写中非教育交流合作交响曲》，光明网，2018 年 9 月 6 日，https：//news. gmw. cn/2018-09/06/content_ 31004662. htm。

《"一带一路"倡议彰显了足够的影响力》，人民网，2018 年 12 月 27 日，http：//world. people. com. cn/n1/2018/1227/cl002-30490616. html。

王毅：《中非合作论坛引领国际对非合作》，2020 年 1 月 13 日，http：//www. xinhuanet. com/world/2020-01/13/c_ 1125453172. htm。

王毅：《中非扩大互学互鉴，人文交流持续升温》，国际在线，2018 年 9 月 2 日，news. cri. cn/20180902/d862cbdf-d348-4439-240d-e9f 8afe445c9. html。

王云松：《科技援助，中非合作新气象》，人民网，2018 年 5 月 31 日，http：//world. people. com. cn/n1/2018/0531/c1002-30024305. html。

乌小宝：《纳米比亚驻华大使也驳斥了这种谣言！》，环球网，2020年4月15日，https：//baijiahao. baidu. com/s？id ＝ 16640996323485 63238&wfr ＝ spider&for ＝ pc。

张文迪：《习近平访问非洲将更大促进中非务实合作》，央视网，2013年3月21日，http：//news. cntv. cn/2013/03/21/ARTI1363846121 278752. shtml。

《中非经贸期待后疫情时代的逆袭》，中国商务新闻网，2020年6月17日，http：//shanghaibiz. sh-itc. net/article/dwjjyw/202006/1496821_ 1. html。

《中非合作论坛北京峰会"八大行动"内容解读》，中华人民共和国商务部，2018年9月19日，http：//www. mofcom. gov. cn/article/ae/ai/201809/20180902788421. shtml。

周玉渊：《中非共促发展：解决非洲债务问题的根本》，2020年11月18日，http：//www. focac. org/chn/zfgx/jmhz/t1832243. htm。

郑永年、刘伯健：《"一带一路"作为国际公共产品的发展议程》，2019年4月27日，http：//www. cdrf. org. cn/jjh/pdf/yidaiyilu. pdf。

Charles Onunaiju, "Africa and China's Belt and Road Initiative", https：//thenationonlineng. net/africa-and-chinas-belt-and-road-strategy/, August 18, 2020.

Cobus van Staden, Chiris Alden & Yu-Shan Wu, "In the Driver's Seat? African Agency and Chinese Power", https：//saiia. org. za/download/in-the-drivers-seat-african-agency-and-chinese-power/, August 18, 2020.

Cobus van Staden, "China's Belt and Road Plan: How Will it Affect Africa?" https：//saiia. org. za/research/chinas-belt-and-road-plan-how-will-it-affect-africa/, August 18, 2020.

EfemNkamUbi, "How Africa Can Benefit from China's Belt and Road Initiative", *Financial Nigeria Magazine*, June 18, 2019.

Lauren A Johnston and Robert Earley, "Can Africa Build Greener Infrastructure While Speeding up Its Development? —Lessons from China", https：//saiia. org. za/research/can-africa-build-greener-infrastructure-while-speeding-up-its-development-lessons-from-china/, August 18, 2020.

Walter Ruigu, "8 Things Critics of China's Belt and Road Initiative Are Not Telling You", https：//www. linkedin. com/pulse/8-things-critics-chinas-belt-road-initiative-telling-you-ruigu-%E4%BB%BB%E5%8D%8E%E5%BE%B7-/, August 18, 2020.

"Africa Must Look East to Revive Economy Post Covid-

19", https://www.dwcug.org/africa-must-look-east-to-revive-economy-post-covid-19.

"China's Belt and Road Initiative: How Will It Affect Africa?" https://saiia.org.za/research/chinas-belt-and-road-plan-how-will-it-affect-africa/, August 18, 2020.

"Why Are African Institutions Attracted to China?", https://thebftonline.com/08/10/2020/fcature-why-are-african-institutions-attracted-to-china/, November 22, 2020.

贺文萍，中国社会科学院西亚非洲研究所研究员、博士生导师、国务院特殊津贴专家。曾赴美国、英国、德国、瑞典、巴西等国访问研究，并赴非洲 30 多个国家开会和调研。

周瑾艳，曾任中国社会科学院西亚非洲研究所助理研究员，现任上海外国语大学全球治理与区域国别研究院助理研究员。

郭佳，中国社会科学院西亚非洲研究所社会文化研究室副主任、助理研究员。